프랜드 큥과

지금 바로
일본어

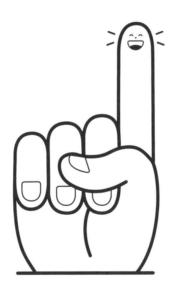

 시사일본어사

당신이 찾던
현실에 가장 가까운
일본어 입문서

왜 '지금 바로 일본어'여야 하나요?

시중에 있는 그 어떤 일본어 입문서보다 가장 '일본 현지'에서 사용할 수 있는 표현이 많다고 자부할 수 있습니다. 일본은 '성씨'로만 상대방을 부르나요? 일본은 이름이 '다나카', '사토', '스즈키'밖에 없나요? 이처럼 지금까지 암묵적으로 정해져 있던 딱딱한 일본어 입문서의 틀을 처음으로 깼습니다. 실제로 현지인과 대화할 수 있는 일본어를 알고 싶다면 이 책을 강력 추천합니다.

무엇을 배울 수 있나요?

일본어 입문자라면 꼭 알아야 하는 내용만을 담은 가장 기초적이고 담백한 일본어 입문서입니다. 자신의 의사 표현은 물론 일본인들과는 어떻게 대화를 풀어 나갈 수 있는지, 모든 노하우를 집어넣었습니다. 회화 속 주인공인 지운이가 브레드쿤 채널의 크루인 일본인 현지 친구들의 안내를 받으며 일본 전국을 여행하는 스토리로 전개되어 더욱 흥미롭게 몰입하며 학습할 수 있습니다.

그럼 이 책 한 권으로 입문해도 충분한가요?

물론입니다. 책만 가지고 독학해도 100% 그 진가를 발휘할 수 있지만, 저의 소프트하고 친근감 있는 강의와 시사일본어학원 전문 강사인 천송이 선생님의 강의, 그리고 다양한 학습 자료를 제공하기 때문에 혼자서도 충분히 마스터 하실 수 있습니다.

그동안 많은 출판사로부터 연락을 받았지만, 유튜버의 이름만 빌리려는 곳이 많아서 정중히 거절해 왔습니다. 다만 시사일본어사에서는 자유롭게 집필할 수 있는 여건을 제공해 주셨고 실제로 사용하는 내용으로 구성할 수 있도록 뜻을 함께 해 주셨습니다. 시사일본어사의 전문성과 일본 현지에서 다진 필자의 커뮤니케이션 센스를 더하여 현시대와 가장 어울리는 일본어 공부법을 안내해 드리겠습니다. 저희와 함께 재미있게 일본어 학습을 즐겨 주시길 바랍니다.

저자 브레드쿤

Weekly Plan 체크

◀ 이번 주 학습 내용을 체크해 봅시다.
온라인 강의를 켜 놓고
일본어 공부 START!

Step 1 배울 내용 미리 보기

◀ 오늘은 어떤 일본어 표현을
익힐까요? 귀여운 빵들의
에피소드를 통해 미리 만나 보세요.

Step 2 일단 말문 트기

▶ 오늘 배울 주요 표현을 일단 듣고,
따라 해 봅시다.
원어민 음성을 잘 듣고 소리 내어
발음해 보세요.

Step 3 핵심 문형 파보기

◀ 핵심 문형과 문법을 심층적으로
학습해 봅시다.
패턴을 파악하면 쉽게 응용할 수
있어요.

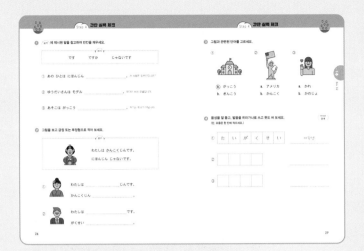

Step 4 간단 실력 체크

◀ 배운 내용을 토대로 간단히
실력을 점검해 봅시다.
문형과 어휘 복습은 물론,
청취력도 키울 수 있어요.

Step 5 본격 실전 회화

◀ 학습한 문법과 패턴 문장이
실제 대화에서 어떻게
적용되는지 확인해 봅시다.

Step 6 즐거운 수다 타임

◀ 저자의 생생한 일본 체험과
꿀팁 정보를 읽어 봅시다.
언어뿐만 아니라 문화와 매너도
함께 익힐 수 있어요.

Step 7 마무리 체크

▶ 우리말을 참고하여 일본어 문장
을 완성해 봅시다.
핵심 문형은 물론 응용 학습까지
가능해요.

원어민 음성 mp3

시사일본어사 홈페이지에서 무료로 다운로드 받을 수 있습니다.
www.sisabooks.com/jpn

무료 동영상 강의 2종

Ver.1 강사 강의
시사일본어학원 전문 강사의
쉽고 체계적인 문법 설명을 통해
기초를 탄탄히 다질 수 있습니다.

Ver.2 저자 강의
현장감이 생생히 살아 있는
재미있고 유익한 강의입니다.
일본에 대한 다양한 주제를 다루어
학습에 흥미를 더했습니다.

이미지로 익히는 히라가나·가타카나 영상

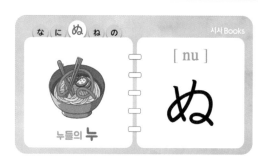

이미지로 기억하는 히라가나와 가타카나 영상입니다.
눈과 귀로 익힐 수 있어 암기에 도움을 줍니다.

＊Day01 일본어 문자와 발음 페이지에서 확인하세요.

PLUS 단어장·연습 문제

교재에 수록되지 않은 확장 어휘를
PDF 자료로 제공합니다. 학습이 시작되는
페이지의 〈PLUS 단어장〉 QR코드를 찍으면
테마별 어휘 자료를 확인할 수 있습니다.

＊연습 문제는 시사일본어사 홈페이지 자료실에서
　다운로드 가능합니다.

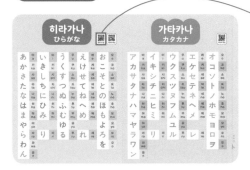

히라가나 · 가타카나 50음도 표

일본어 문자를 완벽히 마스터 하는 그날까지!
오려서 잘 보이는 곳에 붙이거나 휴대하고
다니기 좋은 학습 자료입니다.

히라가나 암기 Song

일본어 시작은 히라가나부터!
귀에 쏙쏙 들어오는 멜로디와 가사를 따라 부르며
즐겁게 암기해 보세요.

일본 지도

일본어 말문 트고 일본으로 Go! Go!
일본의 지명을 익히고, 각 지역의 랜드마크,
명물도 그림으로 확인할 수 있습니다.

일본 여행 유튜브 영상

저자의 일본 여행 영상 자료가 한가득!
볼거리, 먹거리, 교통, 여행 Tip 등 다양한
정보를 얻으실 수 있습니다.

쓰기노트

히라가나와 가타카나를
획순에 맞춰
따라 쓰는 연습을
할 수 있습니다.

JLPT N5 모의고사 1회분

일상생활에서 사용되는 일반적인 표현을 이해할 수 있다면 일본어능력시험 (JLPT) N5 시험에 도전해 보세요. 모의고사 문제를 통해 미리 JLPT 시험을 체험할 수 있습니다.

목차

Week 3

별책 부록

앞 **쓰기 노트** (히라가나 + 가타카나)

뒤 **JLPT N5** (모의고사 1회분)

🜄 한국의 여행 작가 '지운'이 일본 전역의 친구들을 만나며 각 지역의 먹거리와 볼거리를 체험하는 이야기입니다.

김지운 キム・ジウン

적극적이고 호기심 많은 여행 작가이다. 타고난 친화력으로 처음 본 사람과도 잘 어울린다.

하루히 はるひ

도쿄 출신으로, 동글동글하고 귀여운 성격이다. 지운의 일본 여행에서 처음과 끝을 함께 한다.

켄토 けんと

시코쿠 출신으로, 섬세하고 상냥한 성격이다. 지운을 위해 하코네와 시라카와고 여행을 함께 한다.

카즈 カズ

오사카 출신으로, 말투가 시원시원하며 유머러스한 성격이다. 간사이 지역의 여행을 함께 한다.

아유미 あゆみ

나가사키 출신으로, 외모와 달리 털털하면서도 엉뚱한 모습이 매력이다. 규슈 지역의 여행을 함께 한다.

유시 ゆうし

오키나와 출신으로, 느긋하고 자상한 성격이며, 준비성이 철저하다. 오키나와 여행을 함께 한다.

① **나리타 공항** 28p

② **신주쿠역** 38p

③ **아사쿠사** 48,62,74p

④ **도쿄역** 84p

⑤ **하코네** 98,108p

⑥ **시라카와고** 120,130p

⑦ **고베** 140p

⑧ **오사카** 150p

⑨ **나가사키** 162,176p

⑩ **오키나와** 186,196p

⑪ **아오모리** 208p

⑫ **모리오카** 220p

⑬ **센다이** 232p

⑭ **도쿄** 242p

Week

1

송이쌤
온라인 강의 × 브레드쿤
유튜브 강의 × PLUS
단어장

Weekly Plan

	Can do	학습 List	Check

Day 01
✻ 일본어 문자와 발음 익히기

| 히라가나 | ○ |
| 가타카나 | ○ |

Day 02
✻ 자기소개 하기
✻ 사람, 사물, 장소 등을 묻고 답하기

명사 は + 명사 です ~는 ~입니다	○
명사 + ですか ~입니까?	○
명사 + じゃないです ~가 아닙니다	○
명사 + じゃないですか ~가 아닙니까?	○

Day 03
✻ 과거의 사실을 긍정, 부정, 의문형으로 표현하기

명사 + でした ~였습니다	○
명사 + でしたか ~였습니까?	○
명사 + じゃなかったです ~가 아니었습니다	○
명사 + じゃなかったですか ~가 아니었습니까?	○

Day 04
✻ 사물, 장소, 방향 등을 가리키는 지시사 익히기

こ・そ・あ・ど 이・그・저・어느
사물 : これ / それ / あれ / どれ	○
장소 : ここ / そこ / あそこ / どこ	○
방향 : こちら / そちら / あちら / どちら	○
명사 수식 : この / その / あの / どの	○

Day 05
✻ 숫자 표현 익히기

숫자 0~10	○
시간 (시, 분)	○
날짜 (월, 일, 요일)	○
시제 (과거, 현재, 미래)	○

Day 06
✻ 존재 표현 익히기
✻ 가족에 대해 묻고 답하기

います (사람, 동물이) 있습니다	○
いません (사람, 동물이) 없습니다	○
あります (사물, 식물이) 있습니다	○
ありません (사물, 식물이) 없습니다	○
가족 호칭	○

Day 07
✻ 주요 조사 익히기

~から~まで ~부터 ~까지	○
~が、 ~は、 ~で ~이/가, ~은/는, ~에서	○
~に、 ~も ~에, ~도	○
~や、 ~の ~와(과)/랑, ~의	○

일본어 문자와 발음

일본어는 히라가나, 가타카나, 한자로 구성되어 있어요. 각 문자의 특징을 간단히 살펴볼까요?

일본어 문자와 구성

📍 히라가나 (ひらがな)

동글동글한 모양의 히라가나는 한자와 함께 주로 사용되는 일본어 문자예요. 히라가나는 처음에는 50음도였으나 지금은 46개만 사용되고 있어요.

📍 가타카나 (カタカナ)

히라가나에 비해 조금 딱딱하고 직선적인 형태를 띠고 있는 가타카나는 히라가나와 동일하게 46개의 음이며, 주로 외래어, 의성어·의태어, 특별히 강조하고 싶은 말을 표기할 때 사용해요.

📍 한자 (漢字, かんじ)

일본어 한자는 약자(略字)를 쓰기 때문에 한국에서 쓰는 한자 형태와 조금 달라요. 일본어의 한자 읽는 방법은 뜻으로 읽는 방법(훈독)과 음으로 읽는 방법(음독)이 있어요.

💧 **각 문자는 이렇게 사용돼요.**

후리가나

わたし
私 は キム・ジウン です。 저는 김지운입니다.

한자 히라가나 가타카나 히라가나

가타카나는 외래어나 강조하고 싶은 단어에, 히라가나는 동사, 형용사의 일부분이나 조사의 표기에 사용되고, 실제로 한자가 많이 쓰여요. 한자를 어려워하는 아이들이나 외국인을 위해 한자 위에 히라가나로 작게 읽는 방법을 표시하기도 하는데, 이를 가리켜 '후리가나'라고 하죠.
우리도 일본어를 시작하는 단계니까 학습 초반에는 히라가나와 가타카나 표기로만 배워 볼게요.

💧 **일본어의 특징**

❶ 우리말과 어순이 같아요.

❷ 띄어쓰기를 하지 않아요.
한자와 히라가나를 함께 쓰기 때문에 띄어 쓰지 않아도 의미가 잘 구분이 돼요.
(*이 책에서는 학습의 편의상 띄어쓰기를 사용했어요.)

❸ 마침표(。)와 쉼표(、) 모양이 우리말과 형태가 달라요.

❹ 의문 조사「か」뒤에 물음표를 쓰지 않아요. 발음할 때 끝음을 올려요.
오 겡 끼 데 스 까
예) **おげんきですか。**↗ 잘 지내시죠?

❺ 한자는 달라도 동일하게 발음되는 단어들이 많아요.
이럴 때는 악센트로 구별하기도 합니다.
카미 카미 카미
예) **神** 신 **髪** 머리카락 **紙** 종이

💧 일본어는 청음, 탁음, 반탁음, 요음, 촉음, 발음, 장음으로 발음돼요.

청음 '맑은 소리'라는 뜻이에요. 먼저 히라가나 청음부터 익혀 볼게요.

단 ↓

track 001

히라가나	あ단	い단	う단	え단	お단
あ행	あ a 아	い i 이	う u 우	え e 에	お o 오
か행	か ka 카	き ki 키	く ku 쿠	け ke 케	こ ko 코
さ행	さ sa 사	し shi 시	す su 스	せ se 세	そ so 소
た행	た ta 타	ち chi 치	つ tsu 츠	て te 테	と to 토
な행	な na 나	に ni 니	ぬ nu 누	ね ne 네	の no 노
は행	は ha 하	ひ hi 히	ふ fu 후	へ he 헤	ほ ho 호
ま행	ま ma 마	み mi 미	む mu 무	め me 메	も mo 모
や행	や ya 야		ゆ yu 유		よ yo 요
ら행	ら ra 라	り ri 리	る ru 루	れ re 레	ろ ro 로
わ행	わ wa 와				を o 오
	ん n 응				

행
→

가타카나는 외래어 표기, 의성어·의태어, 강조하고 싶은 내용 등에 사용해요.
잡지나 간판 등에 많이 사용되기 때문에 히라가나와 함께 꼭 외워두는 게 좋아요.

단 ↓

track 002

행
→

가타카나	ア단	イ단	ウ단	エ단	オ단
ア행	ア a 아	イ i 이	ウ u 우	エ e 에	オ o 오
カ행	カ ka 카	キ ki 키	ク ku 쿠	ケ ke 케	コ ko 코
サ행	サ sa 사	シ shi 시	ス su 스	セ se 세	ソ so 소
タ행	タ ta 타	チ chi 치	ツ tsu 츠	テ te 테	ト to 토
ナ행	ナ na 나	ニ ni 니	ヌ nu 누	ネ ne 네	ノ no 노
ハ행	ハ ha 하	ヒ hi 히	フ fu 후	ヘ he 헤	ホ ho 호
マ행	マ ma 마	ミ mi 미	ム mu 무	メ me 메	モ mo 모
ヤ행	ヤ ya 야		ユ yu 유		ヨ yo 요
ラ행	ラ ra 라	リ ri 리	ル ru 루	レ re 레	ロ ro 로
ワ행	ワ wa 와				ヲ o 오
	ン n 응				

탁음　「か·さ·た·は」행의 오른쪽 상단에 탁점(゛)이 붙은 글자예요.
아래 글자에서 왼쪽은 히라가나, 오른쪽은 가타카나 글자예요.

track 003

が ガ	ぎ ギ	ぐ グ	げ ゲ	ご ゴ
ga 가	gi 기	gu 구	ge 게	go 고
ざ ザ	じ ジ	ず ズ	ぜ ゼ	ぞ ゾ
za 자	ji 지	zu 즈	ze 제	zo 조
だ ダ	ぢ ヂ	づ ヅ	で デ	ど ド
da 다	ji 지	zu 즈	de 데	do 도
ば バ	び ビ	ぶ ブ	べ ベ	ぼ ボ
ba 바	bi 비	bu 부	be 베	bo 보

반탁음　「は」행의 상단에 반탁점(゜)이 붙은 글자예요.

track 004

ぱ パ	ぴ ピ	ぷ プ	ぺ ペ	ぽ ポ
pa 파	pi 피	pu 푸	pe 페	po 포

요음 「い」를 제외한 い단「き・ぎ・し・じ・ち・に・ひ・び・ぴ・み・り」에 「や・ゆ・よ」를 작게 써서 표기한 글자예요.

きゃ	キャ

kya 캬

きゅ	キュ

kyu 큐

きょ	キョ

kyo 쿄

ぎゃ	ギャ

gya 갸

ぎゅ	ギュ

gyu 규

ぎょ	ギョ

gyo 교

しゃ	シャ

sha 샤

しゅ	シュ

shu 슈

しょ	ショ

sho 쇼

じゃ	ジャ

ja 쟈

じゅ	ジュ

ju 쥬

じょ	ジョ

jo 죠

ちゃ	チャ

cha 챠

ちゅ	チュ

chu 츄

ちょ	チョ

cho 쵸

にゃ	ニャ

nya 냐

にゅ	ニュ

nyu 뉴

にょ	ニョ

nyo 뇨

ひゃ	ヒャ

hya 햐

ひゅ	ヒュ

hyu 휴

ひょ	ヒョ

hyo 효

びゃ	ビャ

bya 뱌

びゅ	ビュ

byu 뷰

びょ	ビョ

byo 뵤

ぴゃ	ピャ

pya 퍄

ぴゅ	ピュ

pyu 퓨

ぴょ	ピョ

pyo 표

みゃ	ミャ

mya 먀

みゅ	ミュ

myu 뮤

みょ	ミョ

myo 묘

りゃ	リャ

rya 랴

りゅ	リュ

ryu 류

りょ	リョ

ryo 료

「つ・ッ」를 원래 크기보다 작게 써서 표기해요.
촉음 다음에 이어지는 음에 따라 [k], [s], [t], [p]으로 발음해요.
한국어의 ㄱ, ㅅ, ㄷ, ㅂ 받침과 비슷해요.

track 006

촉음 뒤에 **か**행이 오면 [ㄱ]으로 발음 ka행 → [k]	**ひっこし** [히ㄱ꼬시] 이사 **トラック** [토라ㄱ꾸] 트럭
촉음 뒤에 **さ**행이 오면 [ㅅ]으로 발음 sa행 → [s]	**ざっし** [자ㅅ시] 잡지 **メッセージ** [메ㅅ세–지] 메시지
촉음 뒤에 **た**행이 오면 [ㄷ]으로 발음 ta행 → [t]	**おっと** [오ㄷ또] 남편 **セット** [세ㄷ또] 세트
촉음 뒤에 **ぱ**행이 오면 [ㅂ]으로 발음 pa행 → [p]	**きっぷ** [키ㅂ뿌] 표, 티켓 **カップ** [카ㅂ뿌] 컵

발음 (撥音) 「ん・ン」으로 표기하며 다음에 오는 음에 따라 [m], [n], [ŋ], [N]으로
발음해요. 한국어의 ㅁ, ㄴ, ㅇ 받침과 비슷해요.

track 007

ま・ば・ぱ행 앞에서는 [ㅁ]으로 발음	**かんぱい** [카ㅁ빠이] 건배 **コロンビア** [코로ㅁ비아] 콜롬비아
さ・ざ・た・だ・な・ら행 앞에서는 [ㄴ]으로 발음	**かんじ** [카ㄴ지] 한자 **オレンジ** [오레ㄴ지] 오렌지
か・が행 앞에서는 [ㅇ]으로 발음	**かんこく** [카ㅇ꼬꾸] 한국 **ピンク** [피ㅇ꾸] 핑크
あ・は・や・わ행 앞에서는 [ㄴ]과 [ㅇ]의 중간 발음	**でんわ** [데ㅇ와] 전화 **インフルエンザ** [이ㄴ후루에ㄴ자] 인플루엔자, 독감

장음 두 개 이상의 모음이 이어질 경우, 앞의 모음을 길게 발음해요.
히라가나 단어에서는 장음을 「あ·い·う·え·お」의 모음으로 표기하지만,
가타카나 단어에서는 「ー」로 표기해요.
모음의 길이에 따라 의미도 달라지기 때문에 발음에 주의하세요.

track 008

あ단 + あ → [아ー]	おかあさん [오까ー상] 어머니 スカート [스카ー또] 스커트
い단 + い → [이ー]	おじいさん [오지ー상] 할아버지 スキー [스끼ー] 스키
う단 + う → [우ー]	くうき [쿠ー끼] 공기 グーグル [구ー구루] 구글
え단 + え·い → [에ー]	えいご [에ー고] 영어 ケーキ [케ー끼] 케이크
お단 + お·う → [오ー]	すもう [스모ー] 스모, 일본 씨름 ロープ [로ー프] 로프, 밧줄

별책 부록 쓰기노트로 글자 쓰는 연습을 함께 해 보세요.

Day 02 _____월_____일

처음 뵙겠습니다.

본격적으로 일본어로 대화하는 연습을 해 볼게요. 가장 먼저, 「〜は〜です」 패턴을 활용하여
자신이나 남을 소개하거나 사물, 장소 등에 대해 묻고 답해 봅시다.

 Step 1 배울 내용 미리 보기

scene 1
안녕하세요. 팥빵이에요
안녕하세요. 전 메론빵이에요

scene 2
메론빵 씨는 학생이에요?
네, 대학생이에요

scene 3
남자 친구는 학생이에요?
아뇨, 회사원이에요

scene 4
여기 '교토' 아닌가요?
아뇨, '도쿄'인데요

오늘 배울 주요 표현이에요. 음성을 잘 듣고 소리 내어 따라 해 보세요.

track 009

1주

Day 02

🔊 저는 김지운입니다.

^{와 따시와 키무 지 운데스}
わたしは キム・ジウンです。

🔊 저는 한국인입니다.

^{와 따시와 캉 꼬꾸 진데 스}
わたしは かんこくじんです。

🔊 김 씨는 학생입니까?

^{키 무 상 와 각 세ー데스 까}
キムさんは がくせいですか。

🔊 네, 학생입니다.

^{하 이 각 세ー데 스}
はい、がくせいです。

🔊 아니요, 학생이 아닙니다.

^{이ー에 각 세ー 쟈 나 이데스}
いいえ、がくせいじゃないです。

🔊 여기는 JR선이 아닙니까?

^{코 꼬와 제ー아루 센 쟈 나 이데스 까}
ここは JRせんじゃないですか。

Words

^{와 따시}**わたし** 나, 저	^와**～は** ~은/는	^{데 스}**～です** ~입니다	^{캉 꼬꾸진}**かんこくじん** 한국인
^상**～さん** ~씨	^{각 세ー}**がくせい** 학생	^{데 스 까}**～ですか** ~입니까?	^{하 이}**はい** 네
^{이ー에}**いいえ** 아니요	^{쟈 나이데스}**～じゃないです** ~이/가 아닙니다	^{코 꼬}**ここ** 여기	^센**JRせん** JR선(일본 철도)

23

(track 010)

와 따 시 와　키 무　　지 운 데 스
わたしは キム・ジウンです。

저는 김지운입니다.

「〜は〜です」는 '〜은/는 〜입니다'라는 뜻이에요.
「は」가 조사로 쓰일 때는 [와]로 발음해요.

와 따 시 와　파 쿠　　소 라 데 스
わたしは パク・ソラです。

저는 박소라예요.

키 무 라　상 와　니 혼　　진 데 스
きむらさんは にほんじんです。

기무라 씨는 일본인이에요.

카 레 와　카 이 샤　　잉 데 스
かれは かいしゃいんです。

그는 회사원이에요.

Words

니 혼 진
にほんじん 일본인

카 레
かれ 그(3인칭)

카 이 샤 잉
かいしゃいん 회사원

(track 011)

키 무　상 와　　각　세 ー 데 스 까
キムさんは がくせいですか。

김 씨는 학생이에요?

「〜ですか」는 '〜입니까?' 하고 묻는 표현이에요.

아 노　히 또 와　아 메 리 카　진 데 스 까
あの ひとは アメリカじんですか。

저 사람은 미국인인가요?

코 꼬 와　　깅 꼬 ー 데 스 까
ここは ぎんこうですか。

여기는 은행인가요?

나 까 무 라　상 와　센 세 ー 데 스 까
なかむらさんは せんせいですか。

나카무라 씨는 선생님인가요?

Words

아 노
あの 저

히 또
ひと 사람

아 메 리 카 진
アメリカじん 미국인

깅 꼬 ー
ぎんこう 은행

센 세 ー
せんせい 선생님

24

(track 012)

> 각 세 - 쟈 나 이 데 스
> # がくせいじゃないです。
> 학생이 아닙니다.

「～じゃないです」는 '～이/가 아닙니다'라는 뜻이에요.
「～じゃありません」, 「～ではありません」으로 쓰면 격식 차린 표현이 돼요.

하 이 　아 메 리 카 　진 데 스
はい、アメリカじんです。
네, 미국인이에요.

이 - 에 　 깅 꼬 - 　쟈 나 이 데 스
いいえ、ぎんこうじゃないです。
아니요, 은행이 아니에요.

이 - 에 　 센 세 - 　쟈 나 이 데 스
いいえ、せんせいじゃないです。
아니요, 선생님이 아니에요.

Words
하 이
はい 네

이 - 에
いいえ 아니요

(track 013)

> 코 꼬 와 　 제-아루센 　 쟈 　나 이 데 스 까
> # ここは　JRせんじゃないですか。
> 여기는 JR선이 아닙니까?

「～じゃないですか」는 '～이/가 아닙니까?' 하고 묻는 표현이에요.

카 노 죠 와 　다 이 각 세 - 　쟈 나 이 데 스 까
かのじょは　だいがくせいじゃないですか。
그녀는 대학생이 아닌가요?

아 소 꼬 와 　 각 꼬 - 　쟈 나 이 데 스 까
あそこは　がっこうじゃないですか。
저기는 학교가 아닌가요?

쿄 - 와 　도 요 - 비 　쟈 나 이 데 스 까
きょうは　どようびじゃないですか。
오늘은 토요일이 아닌가요?

Words
카 노 죠
かのじょ 그녀(3인칭)

다 이 각 세 -
だいがくせい 대학생

아 소 꼬
あそこ 저기

각 꼬 -
がっこう 학교

쿄 -
きょう 오늘

도 요 - 비
どようび 토요일

① 보기 에 제시된 말을 참고하여 빈칸을 채우세요.

> 보기
>
> です   ですか   じゃないです

① あの ひとは にほんじん ＿＿＿＿＿＿＿＿＿＿。 저 사람은 일본인입니까?

② ゆうだいさんは モデル ＿＿＿＿＿＿＿＿＿＿。 유다이 씨는 모델입니다.

③ あそこは がっこう ＿＿＿＿＿＿＿＿＿＿。 저기는 학교가 아닙니다.

② 그림을 보고 긍정형 또는 부정형으로 적어 보세요.

> 보기
>
>
>
> わたしは かんこくじんです。
>
> にほんじん じゃないです。

①

わたしは ＿＿＿＿＿＿＿じんです。

かんこくじん ＿＿＿＿＿＿＿＿＿。

②

わたしは ＿＿＿＿＿＿＿＿＿です。

がくせい ＿＿＿＿＿＿＿＿＿。

3 그림과 관련된 단어를 고르세요.

①

②

③

① **ⓐ.** がっこう
   b. ぎんこう

② **a.** アメリカ
   b. かんこく

③ **a.** かれ
   b. かのじょ

4 음성을 잘 듣고, 발음을 히라가나로 쓰고 뜻도 써 보세요.
(단, 요음은 한 칸에 적으세요.)

track
014

① | た | い | が | く | せ | い |
   대학생

② | | | | |

③ | | | | |

はるひ

<ruby>は<rt>하</rt></ruby>じめまして。きむら　はるひです。

track 015

ジウン

はるひさん！わたしは　キム・ジウンです。

はるひ

ジュンさんですか？

ジウン

いいえ、ジュンじゃないです。
ジ・ウンです。

はるひ

ああ、「ジュンさん」じゃないですか。
すみません。

ジウン

はい。どうぞ　よろしく　おねがいします。

Words

はじめまして
처음 뵙겠습니다

すみません
죄송합니다

どうぞ
아무쪼록, 부디

よろしく
요로시꾸

おねがいします
잘 부탁합니다

仁川ー成田 10：30
上海ー成田 11：00
仁川ー成田 12：10
A
ロビー →

하루히   처음 뵙겠습니다. 기무라 하루히입니다.

지운   하루히 씨! 저는 김지운이에요.

하루히   준 씨이십니까?

지운   아니요, 준이 아니에요.
        지운이에요.

하루히   아, '준 씨'가 아닌가요?
        죄송해요.

지운   네. 잘 부탁드립니다.

1주

Day 02

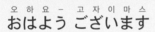

track
016

● **일본인의 호칭**
일본에서 상대방을 부를 때 성씨에 「〜さん」을 붙여서 부르는 경우가 일반적이에요. 성씨로 부르면 구별이 어렵지 않을까 생각하실 텐데요, 걱정하지 마세요. 성씨가 무려 30만 개나 있어서 한국만큼 흔하지 않거든요. 친한 사람이나 가족, 연인끼리는 서로 이름을 편안하게 불러 친근감을 표현하기도 합니다. 또, 자신의 이름을 소개할 때 「〜です」 대신에 「〜ともうします」를 쓰면 좀 더 정중하게 들려요.

● **노래로 배우는 인사말**
오늘 회화에서도 인사말이 세 가지 나왔어요.
이 밖에도 어떤 인사 표현이 있는지 노래로 따라 부르며 익혀 봅시다.

(인사말 노래)

오 하 요 - 고 자 이 마 스
おはよう ございます
안녕하세요(아침)

콘 니 찌 와
こんにちは
안녕하세요(점심)

콤 방 와
こんばんは
안녕하세요(저녁)

잇 떼 끼 마 스
いってきます
다녀오겠습니다

잇 떼 랏 샤 이
いってらっしゃい
다녀오세요

키 오 쯔 께 떼
きを つけて
조심해요

타 다 이 마
ただいま
다녀왔습니다

사 요 - 나 라
さようなら
안녕히 가세요(계세요)

아 리 가 또 - 고 자 이 마 스
ありがとう ございます
감사합니다

스 미 마 셍
すみません
죄송합니다

29

친밀도와 관계에 따른
일본인의 호칭

일본에서는 사람 간의 관계와 친밀도에 따라
다른 사람을 부르는 이름, 즉 호칭이 다양하게 나타납니다.

사람을 부르는 호칭「~ちゃん, ~くん, ~さん」의 구분에 대해 영상에서도 다룬 바 있지만, 알기 쉽게 정리해 보겠습니다. 미리 말씀드리지만「ちゃん, くん」의 발음이 귀엽다고 해서 절대 상대방을 귀엽게 부르는 표현이 아닙니다. 보편적으로 통하는 호칭의 기준을 말씀드리겠지만, 이름을 불리는 상대방이 어떻게 느끼느냐에 따라서도 다를 수 있으므로 가장 좋은 방법은 '상대방이 알려준 이름이나 성씨'에「さん」을 붙이는 것입니다.

회화 속에 등장하는「木村はるひ 기무라 하루히」라는 이름으로 연습해 볼까요? 여기서「木村」가 성이고,「はるひ」가 이름입니다. 기본적으로 성씨로 부르는 것보다 이름으로 부르는 쪽이 '친근하고 덜 격식적'인 느낌이 듭니다. 성과 이름에 어떻게 호칭을 붙이느냐에 따라서

그 사람과의 거리를 대략적으로 짐작할 수 있습니다.

오잉? 왜「はるひちゃん」보다「木村」가 더 친근하냐고요? 아주 가까운 사이에서만 호칭을 붙이지 않고 '성'이나 '이름'만 부른답니다. 따라서, 친해졌다고 바로 호칭을 생략하는 것은 상대방에게 무례한 행동이며, 거부감이나 불편함을 느끼는 일본인들도 많으니 주의하시기 바랍니다.

정리하면, 호칭을 결정하는 요소는 서로 간의 관계뿐만 아니라 자신과 상대가 속하는 공동체나 조직 같은 외부에 관계에 따라서도 달라지므로 일본 사회에 충분히 적응되기 전까지는 '성씨 + さん' 또는 '이름 + さん'으로 부르는 것이 가장 무난합니다.

● **친밀도를 숫자 1~10까지로 나타낼 경우** (숫자가 높을수록 친근함)

	1 2	3 4	5 6 7	8 9	10
	木村さん	はるひさん	はるひちゃん	木村	はるひ

30

우리말을 참고하여 문장을 완성해 보세요.

1 わたしは _____。

저는 한국인입니다.

2 かれは _____。

그는 선생님입니다.

3 キムさんは _____。

김 씨는 대학생입니까?

4 ここは _____。

여기는 학교입니까?

5 かのじょは _____。

그녀는 일본인이 아닙니다.

6 きょうは _____。

오늘은 토요일이 아닙니다.

7 あの ひとは _____。

저 사람은 사토 씨가 아닙니까?

8 あそこは _____。

저기는 은행이 아닙니까?

음성 듣기

Day 03 _____월_____일

호텔은 신주쿠였나요?

「〜は〜でした」 패턴을 활용하여 '〜은/는 〜였습니다'라는 문장을 만들어 볼게요.
또, 부정형과 의문형으로 만드는 연습도 함께 해 봅시다.

 Step I **배울 내용 미리 보기**

scene I

저, 옛날에 밀가루였어요
오~! 저도 밀가루였어요

scene 2

근데 그는 밀가루가 아니었어요
아 그래요? 쌀이었군요

오늘 배울 주요 표현이에요. 음성을 잘 듣고 소리 내어 따라 해 보세요.

track 017

1주

Day 03

저는 회사원이었습니다.

와 따 시 와　카 이 샤　　잉　데 시 따
わたしは　かいしゃいんでした。

스즈키 씨는 학생이었습니까?

스 즈 끼　상　와　　각 세 －　데 시 따 까
すずきさんは　がくせいでしたか。

그는 학생이 아니었습니다.

카 레 와　　각 세 －　쟈 나 깟 따 데 스
かれは　がくせいじゃなかったです。

학교는 오사카가 아니었습니까?

각 꼬 －와　오 －사 까　쟈 나 깟 따 데 스 까
がっこうは　おおさかじゃなかったですか。

네, 오사카가 아니었습니다.

하 이　　오 －사 까　쟈 나 깟 따 데 스
はい、おおさかじゃなかったです。

도쿄였습니다.

토 －　꾜 －데 시 따
とうきょうでした。

Words

데 시 따
～でした ~였습니다

데 시 따 까
～でしたか ~였습니까?

쟈 나 깟 따데스
～じゃなかったです ~이/가 아니었습니다

쟈 나 깟 따데스까
～じゃなかったですか ~이/가 아니었습니까?

오 －사 까
おおさか 오사카

토 －　꾜
とうきょう 도쿄

(track 018)

_{와 따 시 와　카 이 샤　잉 데 시 따}
わたしは かいしゃいんでした。

저는 회사원이었습니다.

 「～です ～입니다」의 과거형은 「～でした ～였습니다」입니다.

_{키 노 - 와　야 스 미 데 시 따}
きのうは やすみでした。

어제는 휴일이었어요.

_{아 사 고 항 와　팡 데 시 따}
あさごはんは パンでした。

아침밥은 빵이었어요.

_{코 꼬 와　무 까 시　홍 야 데 시 따}
ここは むかし ほんやでした。

여기는 옛날에 서점이었어요.

Words

_{야 스 미}
やすみ 휴일, 휴가

_{아 사 고 항}
あさごはん 아침밥

_팡
パン 빵

_{무 까 시}
むかし 옛날(에)

_{홍 야}
ほんや 서점

(track 019)

_{스 즈 끼 상 와　각 세 - 데 시 따 까}
すずきさんは がくせいでしたか。

스즈키 씨는 학생이었습니까?

 「～でしたか」는 '～였습니까?' 하고 묻는 표현이에요.

_{세 나 상 와　센 세 - 데 시 따 까}
せなさんは せんせいでしたか。

세나 씨는 선생님이었나요?

_{각 꼬 - 와　오 - 사 까 데 시 따 까}
がっこうは おおさかでしたか。

학교는 오사카였나요?

_{호 테 루 와　토 - 꾜 - 데 시 따 까}
ホテルは とうきょうでしたか。

호텔은 도쿄였나요?

Words

_{호 테 루}
ホテル 호텔

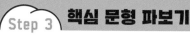

(track 020)

카 레 와　 각 세 ― 쟈 나 깟 따데 스
かれは　がくせいじゃなかったです。

그는 학생이 아니었습니다.

「〜じゃなかったです」는 '〜이/가 아니었습니다'라는 뜻이에요.
「〜じゃありませんでした」「〜ではありませんでした」로 쓰면 격식 차린 표현이 돼요.

카 레 와　 류 ― 각 세 ― 쟈 나 깟 따데 스
かれは　りゅうがくせいじゃなかったです。

그는 유학생이 아니었습니다.

키 노 ― 와　 테 스 또 쟈 나 깟 따데 스
きのうは　テストじゃなかったです。

어제는 시험이 아니었습니다.

코 꼬 와　 뵤 ― 잉 쟈 나 깟 따데 스
ここは　びょういんじゃなかったです。

여기는 병원이 아니었습니다.

Words

류 ― 각 세 ―
りゅうがくせい 유학생

테 스 또
テスト 테스트, 시험

뵤 ― 잉
びょういん 병원

(track 021)

각 꼬 ― 와　 오 ― 사 까 쟈 나 깟 따데 스 까
がっこうは　おおさかじゃなかったですか。

학교는 오사카가 아니었습니까?

「〜じゃなかったですか」는 '〜이/가 아니었습니까?' 하고
묻는 표현이에요.

카 레 와　 코 ― 꼬 ― 세 ― 쟈 나 깟 따데 스 까
かれは　こうこうせいじゃなかったですか。

그는 고등학생이 아니었나요?

키 무 라　 상 가 카 레 시 쟈 나 깟 따데 스 까
きむらさんが　かれしじゃなかったですか。

기무라 씨가 남자 친구가 아니었나요?

키 노 ― 와　 바 이 또 쟈 나 깟 따데 스 까
きのうは　バイトじゃなかったですか。

어제는 아르바이트가 아니었나요?

Words

코 ― 꼬 ― 세 ―
こうこうせい 고등학생

카 레 시
かれし 남자 친구

바 이 또
バイト 아르바이트

1 보기 에 제시된 말을 골라 빈칸을 채우세요.

보기
でした   でしたか   じゃなかったですか

① わたしは かいしゃいん_____。 저는 회사원이었습니다.

② かれは こうこうせい_____。 그는 고등학생이 아니었습니까?

③ ホテルは とうきょう_____。 호텔은 도쿄였습니까?

2 그림을 보고 과거의 긍정형 또는 부정형으로 적어 보세요.

보기

4月	日	月	火	水	木	金	土
	4	5 시험	6	7 아르바이트	8 Today	9	10

きのうは バイトでした。

テストじゃなかったです。

 ① あさごはんは パン_____。

 ② ホテルは とうきょう_____。

③ 그림을 관련된 단어를 고르세요.

①

a. ホテル

b. びょういん

②

a. がくせい

b. かいしゃいん

③

a. テスト

b. バイト

④ 일본어를 잘 듣고 정확한 발음을 히라가나로 쓰고 뜻도 써 보세요. (track 022)

①

_____

②

_____

③

_____

1주

Day 03

はるひ

^{지 운 상 오 하 요 - 고 자 이 마 스}
ジウンさん、おはようございます。

^{키 노 - 호 테 루 와 신 쥬 꾸 데 시 따 까}
きのう、ホテルは しんじゅくでしたか。

track
023

ジウン

^{키 노 - 와 호 테 루 쟈 나 깟 따 데 스}
きのうは ホテルじゃなかったです。

^{게 스 토 하 우 스 데 시 따}
ゲストハウスでした。

はるひ

^{게 스 토 하 우 스}
ゲストハウス?

^{호 테 루 쟈 나 깟 따 데 스 까}
ホテルじゃなかったですか。

^{다 이 죠 - 부 데 시 따 까}
だいじょうぶでしたか。

ジウン

^{에 - 다 이 죠 - 부 데 시 따 요}
ええ、だいじょうぶでしたよ。

^{아 리 가 또 - 고 자 이 마 스}
ありがとうございます。

Words

^{게 스 토 하 우 스}
ゲストハウス
게스트 하우스

^{다 이 죠 - 부 데 시 따 까}
だいじょうぶでしたか
괜찮았습니까

^{에 -}
ええ
네

^{다 이 죠 - 부 데 시 따}
だいじょうぶでした
괜찮았습니다

^요
～よ
～(에)요 (종조사)

하루히   지운 씨, 안녕하세요.
          어제 호텔은 신주쿠였나요?

지운   어제는 호텔이 아니었어요.
          게스트 하우스였어요.

하루히   게스트 하우스? 호텔이 아니었나요?
          괜찮았어요?

지운   네. 괜찮았어요.
          감사해요.

track
024

 쑥쑥 Tip

● **괜찮아요 '다이죠~부데스'**

오늘 회화에 등장하는 「だいじょうぶでした 괜찮았습니다」는 일상생활에서 많이 쓰는 형용사 표현이에요.
다 이 죠 ─ 부 데 시 따

정중한 현재 긍정형은 「だいじょうぶです 괜찮습니다」입니다. 형용사는 Day8, 9에서 자세히 배울 테니
다 이 죠 ─ 부 데 스

여기서는 표현을 그대로 익혀 봅시다.

● **미묘한 감정을 나타내는 종조사**

문장의 제일 끝에 붙는 조사로, 회화에서 자주 쓰입니다. 예전에는 남녀에 따라 사용되는 종조사도 조
금씩 달랐으나 점차 구별이 없어지고 있어요. 대표적인 종조사로는 「~よ、~ね、~な、~ぞ」 등이
있는데, 종조사를 붙임으로써 동의, 확인, 의지, 완곡, 경고, 허락, 타이름 등등 다양한 어조를 표현할 수
있어요.

 ~よ
이 ─ 데 스 요
いいですよ。
좋아요. (동의·타협)

다 이 죠 ─ 부 데 시 따 요
だいじょうぶでしたよ。
괜찮았어요. (부드러운 어조)

 ~ね
코 레 데 이 ─ 데 스 네
これでいいですね?
이걸로 됐죠? (확인)

소 레 와 이 ─ 데 스 네
それは いいですね。
그거 좋네요. (동의)

브레드와
おしゃべり

나에게 맞는 숙박&교통편 찾기

회화의 주인공처럼
일본 전국 여행을 가고 싶은데
어떻게 하면 저렴하게
이동할 수 있을까? 하고
고민하시는 분들 계실 텐데요,
한국과 마찬가지로 일본도
버스, 신칸센, 비행기 등
여러 가지 교통 수단과
숙박 시설이 있습니다.
몇 가지 유형으로 추천해
드리겠습니다.

Type 1

최대한 알뜰하게! 야간버스 + 캡슐 호텔

도쿄 → 오사카를 3,500엔부터 갈 수 있는 야간 버스부터, 도쿄에서 1박에 2,000엔부터 시작하는 캡슐 호텔까지! 알뜰살뜰하게 여행할 수 있는 코스입니다.

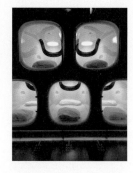

- 야간 버스
  www.kosokubus.com/kr/
- 캡슐 호텔: 인터넷에서 「カプセル ホテル」라고 검색하면 다양한 정보를 얻을 수 있어요.

Type 2

조금 더 여유롭게! 비행기 + 호텔

금전적으로 조금 여유가 있다면 합리적으로 이용할 수 있는 방법이 있습니다. 개인적으로 추천하는 것은 바로 일본 항공사 Japan Airline에서 운영하는 사이트 항공권 + 호텔 숙박을 이용한 예약 방법입니다. 일본의 국적기 왕복 가격에 호텔은 덤으로 얹어지는 듯한 가격을 체감할 수 있어서 개인적으로도 자주 사용하는 방법입니다.
- Japan Airline: www.jal.co.jp/kr/ko

Type 3

힐링이 필요해! 료칸

일본인들이 료칸 같은 온천 숙소를 잡을 때 '자란넷'이라는 사이트를 자주 이용합니다. 자체 한국어 번역 사이트도 제공하고 있으니 편리하게 검색 가능합니다.
- 자란넷: www.jalan.net

우리말을 참고하여 문장을 완성해 보세요.

① あそこは _____。
저기는 학교였습니다.

② あの ひとは _____。
저 사람은 선생님이었습니다.

③ きのうは _____。
어제는 휴일이었습니까?

④ ホテルは _____。
호텔은 도쿄였습니까?

⑤ あさごはんは _____。
아침밥은 빵이 아니었습니다.

⑥ かれは _____。
그는 회사원이 아니었습니다.

⑦ ハンさんは _____。
한 씨는 학생이 아니었습니까?

⑧ ここは むかし _____。
여기는 옛날에 서점이 아니었습니까?

여기는 어디예요?

어떤 사물이나 장소, 방향 등을 가리키는 말을 지시사, 지시대명사라고 하죠.
오늘은 '이, 그, 저, 어느'에 해당하는 표현을 익혀 볼게요.

| Step 1 | 배울 내용 미리 보기 |

scene 1

그거 뭐예요?

이거요? 버터예요~

scene 2

여기는 어디예요?

태닝샵이에요~

scene 3

앗, 저기! 누구예요?

유명 유튜버예요

오늘 배울 주요 표현이에요. 음성을 잘 듣고 소리 내어 따라 해 보세요.

그것은 무엇입니까?

소 레 와 난 데 스 까
それは なんですか。

이것은 그림책입니다.

코 레 와 에 홍 데 스
これは えほんです。

여기는 어디입니까?

코 꼬 와 도 꼬 데 스 까
ここは どこですか。

여기는 비즈니스호텔입니다.

코 꼬 와 비 지 네 스 호 테 루 데 스
ここは ビジネスホテルです。

저 사람은 누구입니까?

아 노 히 또 와 다 레 데 스 까
あの ひとは だれですか。

저 사람은 제 친구입니다.

아 노 히 또 와 와 따 시 노 토 모 다 찌 데 스
あの ひとは わたしの ともだちです。

Words

소 레
それ 그것

난
なん 무엇

코 레
これ 이것

에 홍
えほん 그림책

코 꼬
ここ 여기

도 꼬
どこ 어디

비 지 네 스 호 테 루
ビジネスホテル 비즈니스호텔

아 노
あの 저~

토 모 다 찌
ともだち 친구

43

💧 지시사를 익히려면 '코소아도'만 기억하세요. 쓰임에 따라 약간씩 형태가 다르니 주의하세요.

track 026	코 こ 이	소 そ 그	아 あ 저	도 ど 어느
사물	코 레 これ 이것	소 레 それ 그것	아 레 あれ 저것	도 레 どれ 어느 것
장소	코 꼬 ここ 여기	소 꼬 そこ 거기	아 소 꼬 あそこ 저기	도 꼬 どこ 어디
방향	코 찌라 こちら 이쪽	소 찌라 そちら 그쪽	아 찌라 あちら 저쪽	도 찌라 どちら 어느 쪽
명사 수식	코 노 この 이~	소 노 その 그~	아 노 あの 저~	도 노 どの 어느~

「どちら」는 회화체로「どっち」라고도 해요.
「どれ 어느 것」는 셋 이상,「どちら 어느 쪽」는 둘 중에서 비교하여 선택할 때 써요.

(track 027)

소 레 와 난 데 스 까
それは なんですか。
그것은 무엇입니까?

 「こ–」는 말하는 사람과 가까울 때,「そ–」는 상대방에게 가까울 때,
「あ–」는 두 사람과 멀리 있는 경우에 쓰는 표현이에요.

소 레 와 홍 데 스 까
それは ほんですか。
그것은 책인가요?

아 레 와 후지 산 데스 까
あれは ふじさんですか。
저것은 후지산인가요?

키 무 상 노 니모쯔 와 도 레 데 스 까
キムさんの にもつは どれですか。
김 씨의 짐은 어느 것인가요?

Words

홍
ほん 책

후지 산
ふじさん 후지산

니 모 쯔
にもつ 짐

44

(track 028)

코 꼬 와 도 꼬 데 스 까
ここは どこですか。

여기는 어디입니까?

장소와 방향을 나타내는 표현이에요.

토 이 레 와 도 꼬 데 스 까
トイレは どこですか。

화장실은 어디인가요?

토 이 레 와 코 찌 라 데 스
トイレは こちらです。

화장실은 이쪽이에요.

콤 비 니 와 아 찌 라 데 스
コンビニは あちらです。

편의점은 저쪽이에요.

Words

토 이 레
トイレ 화장실

콤 비 니
コンビニ 편의점

(track 029)

아 노 히 또 와 다 레 데 스 까
あの ひとは だれですか。

저 사람은 누구입니까?

명사를 수식하는 표현이에요.

코 노 미 세 와 하 지 메 떼 데 스 까
この みせは はじめてですか。

이 가게는 처음인가요?

소 노 카 방 와 니 혼 세 - 데 스 까
その かばんは にほんせいですか。

그 가방은 일본 제품인가요?

쿄 - 아 노 미 세 와 야 스 미 데 스 까
きょう、あの みせは やすみですか。

오늘, 저 가게는 휴무인가요?

Words

미 세
みせ 가게

하 지 메 떼
はじめて 처음

니 혼 세 -
にほんせい
일제, 일본 제품

1주

Day 04

1 보기 에 제시된 말을 참고하여 빈칸을 채우세요.

┌─────────────────────────── 보기 ───────────────────────────┐
│　　　　　　　なん　　　　どこ　　　　だれ　　　　　　　│
└──┘

① あの ひとは ＿＿＿＿＿＿＿＿＿＿＿ ですか。 저 사람은 누구입니까?

② それは ＿＿＿＿＿＿＿＿＿＿ ですか。 그것은 무엇입니까?

③ ここは ＿＿＿＿＿＿＿＿＿＿＿ ですか。 여기는 어디입니까?

2 빈칸에 알맞은 말을 넣어 보세요.

これ	①	あれ	②
이것	그것	저것	어느 것

ここ	そこ	③	どこ
여기	거기	저기	어디

④	そちら	あちら	どちら
이쪽	그쪽	저쪽	어느 쪽

この	⑤	あの	⑥
이~	그~	저~	어느~

③ 그림과 관련된 단어를 고르세요.

①

②

③

a. ノート　　　　**a.** こうえん　　　　**a.** デパート

b. ケータイ　　　**b.** かいしゃ　　　　**b.** トイレ

④ 일본어를 잘 듣고 정확한 발음을 히라가나로 쓰고 뜻도 써 보세요.

track 030

①

②

③

track 031

ジウン
하루히상　코꼬와 도꼬데스까
はるひさん、ここは どこですか。

はるひ
코꼬와 아사쿠사데스
ここは あさくさです。
토ー꾜ー노 캉꼬ー찌데스
とうきょうの かんこうちです。

ジウン
우와ー 오미세가 입빠이
うわー、おみせが いっぱい！
아노 타떼모노와
あの たてものは
토ー꾜ー타와ーデスか
とうきょうタワーですか。

はるひ
이ーエ 아레와 스카이츠리ー데스
いいえ。あれは スカイツリーです。
토ー꾜ー노 란도마ー크데스
とうきょうの ランドマークです。

Words

아사쿠사
あさくさ
아사쿠사

캉꼬ー찌
かんこうち
관광지

오미세
(お)みせ
가게

입빠이
いっぱい
가득

타떼모노
たてもの
건물, 건축물

토ー꾜ー타와ー
とうきょうタワー
도쿄 타워

스카이츠리ー
スカイツリー
스카이트리

란도마ー크
ランドマーク
랜드마크

지운　　하루히 씨, 여기는 어디예요?

하루히　　여기는 아사쿠사예요. 도쿄의 관광지입니다.

지운　　우와~ 가게가 엄청 많다!
　　　　저 건축물은 도쿄 타워인가요?

하루히　　아니요, 저건 스카이트리예요.
　　　　도쿄의 랜드마크예요.

쏙쏙 Tip 🌱

● **도쿄 타워와 스카이트리**

일본 영화 〈도쿄 타워: 엄마와 나, 때때로 아버지〉를 아시나요?

1960년대, 지방에서 도쿄로 올라온 청년의 성장과 가족의 이별을 그린 영화예요. 영화에서 도쿄의 상징으로 그려진 '도쿄 타워'는 1958년 완공 당시 최고로 높은(333m) 전파탑이었는데, 일본의 고도 경제 성장을 상징하는 건축물이기도 합니다.

한편 도쿄 스카이트리는 2012년에 세워진 새로운 도쿄의 상징물이에요. 전파탑이라는 역할은 도쿄 타워와 똑같지만 634m의 탑 안에는 다양한 상업 시설이 갖춰져 있어

도쿄 타워　　　　도쿄 스카이트리

관광지로서의 위력이 훨씬 강력합니다. 근처 아사쿠사 같은 전통적인 관광지도 연결되어 있어 모든 연령층을 끌어들일만큼 매력이 넘치는 곳이에요.

● **정중함을 더하는 「お」와 「ご」**
　　　　　　　　　　　오　　고

정중함을 나타내거나 이야기 전체를 부드럽게 하는 '미화어'로 「お」, 「ご」라는 접두어가 있어요. 오늘 회화에서 나온 「おみせ 가게」도 그에 해당되지요. 「みせ」 자체만으로도 사용 가능하지만 「お」를 붙임으로써 정중한 느낌이 더해졌어요.

그럼 언제 「お」를 붙이고 언제 「ご」를 붙일까요?

「お + 고유어 / ご + 한자어」가 기본적인 공식이에요. 훈독을 하면 '고유어', 음독을 하면 '한자어'라고 보면 되는데, 음독을 할 경우 우리나라에서 쓰는 한자와 비슷하게 발음되고, 훈독을 하면 전혀 다르게 발음돼요.

• 名前: '이름'이라는 한자는 '나마에'라고 읽어요. (훈독, 고유어)
　　나 마에

• 住所: '주소'라는 한자는 우리와 비슷하게 '쥬−쇼'라고 읽어요. (음독, 한자어)
　　쥬−쇼

그래서, 「お名前」, 「ご住所」로 미화어를 붙입니다.
　　　　　　오 나 마에　　고 쥬−쇼

그러나 예외도 있으니, '오나마에, 오까네, 고쥬−쇼' 등과 같이 통으로 외우는 게 가장 좋아요.

파스모

도쿄 서브웨이 티켓

여행자에게 추천하는 교통 패스

**큰 도시를 여행하게 된다면
필연적으로 이용하게 되는 대중교통!
우리와 일본, 어떻게 다를까요?**

우리나라 수도권의 경우 버스, 지하철까지 교통 카드 한 장으로 환승이 가능하지만, 일본에서는 같은 회사가 아니라면 환승은 거의 불가능합니다.

정부가 대부분 관리하는 우리나라와 달리 일본은 철도 왕국이라는 별명답게 수많은 회사가 존재합니다. 도쿄를 기준으로 도쿄 중심부의 도쿄 메트로와 도영 지하철로 나뉘어 있어 같은 회사에서만 환승이 가능합니다. 이해하기 쉽게 설명하자면, 구글 지도에서 검색해 보았을 때 로고가 다르면 환승이 안 된다고 보시면 됩니다.

여행자분께 가장 추천하는 교통 패스는 **도쿄 서브웨이 티켓 + 파스모** 조합입니다.

도쿄 서브웨이 티켓은 도쿄의 주요 중심부 노선을 무제한으로 탑승 가능한 기간제(1~3일권) 티켓이며, 개시한 시점부터 카운팅됩니다.

파스모는 우리나라 티머니와 유사한 교통 카드로 도쿄 시내를 다닐 때는 도쿄 서브웨이 티켓을 사용하고 외곽으로 다닐 때는 파스모를 사용해 이동하면 됩니다. 또한 파스모는 편의점에서도 사용 가능하니 소액의 물품을 구매할 때도 쓸 수 있고, 잔돈으로 카드를 충전할 수도 있어 잔돈 처리하기에도 유용합니다.

우리말을 참고하여 문장을 완성해 보세요.

① ＿＿＿＿＿＿＿＿＿＿は ケータイです。

이것은 휴대 전화입니다.

② ＿＿＿＿＿＿＿＿＿＿は ゆうだいさんの ほんですか。

그것은 유다이 씨의 책입니까?

③ たなかさんの ノートは ＿＿＿＿＿＿＿＿＿＿。

다나카 씨의 노트는 어느 것입니까?

④ ＿＿＿＿＿＿＿＿＿＿は デパートです。

저기는 백화점입니다.

⑤ ぎんこうは ＿＿＿＿＿＿＿＿＿＿。

은행은 어디입니까?

⑥ がっこうは ＿＿＿＿＿＿＿＿＿＿。

학교는 이쪽입니다.

⑦ ＿＿＿＿＿＿＿＿ ほんは にほんごの ほんですか。

그 책은 일본어 책입니까?

⑧ ＿＿＿＿＿＿＿＿ ひとは ともだちですか。

저 사람은 친구입니까?

지금 몇 시예요?

오늘은 숫자 표현을 익혀 볼 거예요. 숫자는 대부분 규칙적으로 사용하지만 예외적인 발음도 있으니

주의해야 해요. 의문사 「なん」을 넣어 다양하게 묻고 답해 봅시다.

Step 1 · 배울 내용 미리 보기

scene 1
지금 몇 시예요?

scene 2
데이트는 언제예요?

scene 3
시험은 무슨 요일이에요?

오늘 배울 주요 표현이에요. 음성을 잘 듣고 소리 내어 따라 해 보세요.

track
032

1주

Day 05

지금 몇 시입니까?

이 마   난 지 데 스 까
いま なんじですか。

오후 1시입니다.

고 고   이 찌 지 데 스
ごご 1 じです。

오늘은 며칠입니까?

쿄 - 와   난 니 찌 데 스 까
きょうは なんにちですか。

3월 15일입니다.

상 가 쯔 쥬-고 니 찌 데 스
3 がつ 15にちです。

시험은 무슨 요일입니까?

테 스 또 와   난 요 - 비 데 스 까
テストは なんようびですか。

목요일입니다.

모 꾸 요 - 비 데 스
もくようびです。

Words

이 마
いま 지금

난 지
なんじ 몇 시

고 고
ごご 오후

이 찌 지
1 じ 한 시

쿄 -
きょう 오늘

난 니 찌
なんにち 며칠

상 가 쯔
3 がつ 3월

쥬-고 니 찌
15にち 15일

테 스 또
テスト 테스트, 시험

난 요 - 비
なんようび 무슨 요일

모 꾸 요 - 비
もくようび 목요일

53

주요 문형에 들어가기 전에 기본적인 숫자와 날짜 표현을 익혀 봅시다.

숫자 0~10 (track 033)

0 레ー れい 제로 ゼロ 마루 まる	1 이찌 いち	2 니 に	3 상 さん	4 시 / 욘 し / よん	5 고 ご
	6 로꾸 ろく	7 시찌 / 나나 しち / なな	8 하찌 はち	9 큐ー쿠 きゅう / く	10 쥬ー じゅう

📍 규칙만 알면 99까지 쉽게 말할 수 있어요.

11 쥬ー이찌 じゅういち   12 쥬ー니 じゅうに   14 쥬ー욘 じゅうよん

17 쥬ー나나 じゅうなな   80 하찌쥬ー はちじゅう   99 큐ー쥬ー큐ー きゅうじゅうきゅう

📍 전화번호는 이렇게 말해요.

 080 - 8765 - 4321

제로 하찌 제로 노 하찌 나나 로꾸 고 노 욘 상 니 이찌
ゼロ はち ゼロ の はち なな ろく ご の よん さん に いち

📍 집 호수, 방 번호는 이렇게 말해요.

503

고 마루 상
ご まる さん

 큰 수를 익혀 두면 가격을 말할 때 쓸 수 있어요.
Day14에서 배우기로 해요.

시간 익히기 (track 034)

시(時)

쥬 ― 니 지
じゅうにじ

쥬 ― 이찌 지
じゅういちじ

이 찌지
いちじ

쥬 ― 지
じゅうじ

니 지
にじ

쿠 지
くじ

산 지
さんじ

하 찌 지
はちじ

요 지
よじ

시 찌 지
しちじ

고 지
ごじ

로 꾸 지
ろくじ

1주 Day 05

분(分)

1분 입 뿐 いっぷん	**11분** 쥬 ― 입 뿐 じゅういっぷん	**30분** 산 쥬 뿐 さんじゅっぷん
2분 니 훈 にふん	**12분** 쥬 ― 니 훈 じゅうにふん	**40분** 욘 쥬 뿐 よんじゅっぷん
3분 삼 뿐 さんぷん	**13분** 쥬 ― 삼 뿐 じゅうさんぷん	**50분** 고 쥬 뿐 ごじゅっぷん
4분 욤 뿐 よんぷん	**14분** 쥬 ― 욤 뿐 じゅうよんぷん	**1시간** 이 찌지 간 いちじかん
5분 고 훈 ごふん	**15분** 쥬 ― 고 훈 じゅうごふん	니지 산쥬 뿐 니지 한 2時 30分 = 2時 半
6분 록 뿐 ろっぷん	**16분** 쥬 ― 록 뿐 じゅうろっぷん	
7분 나 나 훈 ななふん	**17분** 쥬 ― 나 나 훈 じゅうななふん	
8분 하 찌 훈 はちふん 합 뿐 はっぷん	**18분** 쥬 ― 하 찌 훈 じゅうはちふん 쥬 ― 합 뿐 じゅうはっぷん	
9분 큐 ― 훈 きゅうふん	**19분** 쥬 ― 큐 ― 훈 じゅうきゅうふん	
10분 쥬 뿐 じゅっぷん	**20분** 니 쥬 뿐 にじゅっぷん	

날짜 익히기 track 035

💧 요일(ようび) / 일(にち)

月 게쯔요-비 げつようび	火 카요-비 かようび	水 스이요-비 すいようび	木 모꾸요-비 もくようび
1 츠이따찌 ついたち	2 후쯔까 ふつか	3 믹까 みっか	4 욕까 よっか
8 요-까 ようか	9 코꼬노까 ここのか	10 토-까 とおか	11 쥬-이찌니찌 じゅういち にち
15 쥬-고니찌 じゅうご にち	16 쥬-로꾸니찌 じゅうろく にち	17 쥬-나나니찌 じゅうなな にち	18 쥬-하찌니찌 じゅうはち にち
22 니쥬-니니찌 にじゅうに にち	23 니쥬-산니찌 にじゅうさん にち	24 니쥬-욕까 にじゅうよっか	25 니쥬-고니찌 にじゅうご にち
29 니쥬-쿠니찌 にじゅうく にち	30 산쥬-니찌 さんじゅう にち	31 산쥬-이찌니찌 さんじゅう いち にち	? 난니찌 なん にち

💧 월(がつ)

1월 이찌가쯔 いち がつ	**5월** 고가쯔 ご がつ	**9월** 쿠가쯔 く がつ
2월 니가쯔 に がつ	**6월** 로꾸가쯔 ろく がつ	**10월** 쥬-가쯔 じゅう がつ
3월 상가쯔 さん がつ	**7월** 시찌가쯔 しち がつ	**11월** 쥬-이찌가쯔 じゅう いち がつ
4월 시가쯔 し がつ	**8월** 하찌가쯔 はち がつ	**12월** 쥬-니가쯔 じゅう に がつ

金	土	日
킹 요-비 きんようび	도요-비 どようび	니찌요-비 にちようび
5 이쯔까 いつか	**6** 무이까 むいか	**7** 나노까 なのか
12 쥬-니니찌 じゅうに にち	**13** 쥬-산니찌 じゅうさん にち	**14** 쥬-욕까 じゅうよっか
19 쥬-쿠니찌 じゅうく にち	**20** 하쯔까 はつか	**21** 니쥬-이찌니찌 にじゅういち にち
26 니쥬-로꾸니찌 にじゅうろく にち	**27** 니쥬-나나니찌 にじゅうなな にち	**28** 니쥬-하찌니찌 にじゅうはち にち

· **17일** = 쥬-시찌니찌
じゅうしち にち   · **27일** = 니쥬-시찌니찌
にじゅうしち にち   이렇게도 발음해요.

💧 **시제** (과거–현재–미래)

어제	키노- きのう	오늘	쿄- きょう	내일	아시따 あした
지난주	센 슈- せんしゅう	이번 주	콘 슈- こんしゅう	다음 주	라이슈- らいしゅう
지난달	셍게쯔 せんげつ	이번 달	콩게쯔 こんげつ	다음 달	라이게쯔 らいげつ
작년	쿄넨 きょねん	올해	코또시 ことし	내년	라이넨 らいねん

track 036

いま なんじですか。
이 마　난　지데스 까

지금 몇 시입니까?

시간을 묻는 표현이에요.

えいがは なんじですか。
에 - 가 와　　난　지데스 까

영화는 몇 시예요?

かいぎは なんじですか。
카 이 기 와　　난　지데스 까

회의는 몇 시예요?

アルバイトは なんじですか。
아 루 바 이 또 와　　난　지 데 스 까

아르바이트는 몇 시예요?

Words

えいが 영화
에 - 가

かいぎ 회의
카 이 기

アルバイト 아르바이트
아 루 바 이 또

track 037

ごご 1じです。
고 고　이찌지데 스

오후 1시입니다.

「시간 + です」를 넣으면 대답할 수 있어요.
「ごぜん」은 '오전', 「ごご」는 '오후'라는 뜻이에요.

さんじです。
산　지데스

3시예요.

よじ はんです。
요 지　한 데 스

4시 반이에요.

しちじ よんじゅっぷんです。
시 찌 지　욘　쥼　뿐데스

7시 40분이에요.

Words

はん 반, 30분

58

(track **038**)

きょうは なんにちですか。
^{쿄 ― 와 난 니찌데스 까}

오늘은 며칠입니까?

날짜를 묻는 표현이에요. 「なんがつ 몇 월」, 「なんにち 며칠」,
「なんようび 무슨 요일」, 「いつ 언제」를 넣어 물어 볼 수 있어요.

たんじょうびは なんがつ なんにちですか。
^{탄 죠 ― 비와 난 가쯔 난 니찌데스 까}

생일은 몇 월 며칠이에요?

ひっこしは いつですか。
^{힉 꼬시와 이쯔데스 까}

이사는 언제예요?

のみかいは なんようびですか。
^{노 미 까이와 난 요 ― 비데스 까}

회식은 무슨 요일이에요?

Words

たんじょうび 생일
^{탄 죠 ― 비}

ひっこし 이사
^{힉 꼬시}

のみかい 회식
^{노 미 까이}

(track **039**)

3がつ 15にちです。
^{상 가쯔 쥬―고니찌데스}

3월 15일입니다.

「날짜/요일 + です」를 넣으면 대답할 수 있어요.

にがつ みっかです。
^{니 가쯔 믹 까데스}

2월 3일이에요.

さんがつ とおかです。
^{상 가쯔 토 ― 까데스}

3월 10일이에요.

げつようびです。
^{게 쯔요 ― 비데스}

월요일이에요.

Words

にがつ 2월
^{니 가쯔}

みっか 3일
^{믹 까}

さんがつ 3월
^{상 가쯔}

とおか 10일
^{토 ― 까}

げつようび 월요일
^{게 쯔요 ― 비}

① 보기 에 제시된 말을 참고하여 빈칸을 채우세요.

보기
いつ　　　なんようび　　　なんじ

① えいがは ＿＿＿＿＿＿＿＿＿＿＿＿ ですか。 영화는 몇 시예요?

② テストは ＿＿＿＿＿＿＿＿＿＿＿ ですか。 시험은 언제예요?

③ アルバイトは ＿＿＿＿＿＿＿＿＿ ですか。

아르바이트는 무슨 요일이에요?

② 그림을 보고 질문에 맞는 답을 히라가나로 적어 보세요.

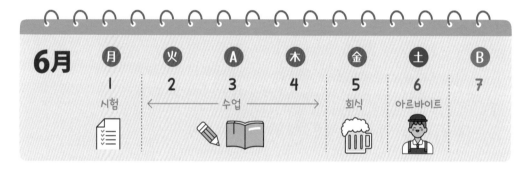

① テストは なんがつ なんにちですか。

→ ＿＿＿＿＿＿＿＿＿＿＿＿＿＿＿＿＿＿＿＿＿＿＿＿

② のみかいは なんようびですか。

→ ＿＿＿＿＿＿＿＿＿＿＿＿＿＿＿＿＿＿＿＿＿＿＿＿

③ A, B에 들어갈 요일을 적어 보세요.

→ ＿＿＿＿＿＿＿＿＿＿＿＿＿＿＿＿＿＿＿＿＿＿＿＿

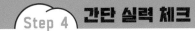

③ 그림을 보고 시간을 히라가나로 적어 보세요.

① am 11: 24 → _____

② pm 3: 17 →

③ pm 2:55 →

④ am 8:30 → _____

1주 Day 05

④ 일본어를 잘 듣고 정확한 발음을 히라가나로 쓰고 뜻도 써 보세요.

track
040

① 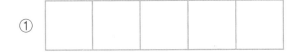 _____

②  _____

③  _____

track
041

ジウン

_{하루히상} _{이마} _난 _{지데스까}
はるひさん、いま、なんじですか。

はるひ

_아 _{모ー} _{쥬ー이찌지} _한 _{데스네}
あ、もう １１じはんですね。
_{쿄ー노} _{란치와} _{코꼬데스}
きょうの ランチは ここです。

ジウン

_{헤ー} _{메뉴ー와} _난 _{데스} _까
へー、メニューは なんですか。

はるひ

_몬 _쟈 _야 _{끼데스}
もんじゃやきです。
_{토ー} _{쿄ー노} _{메ー부쯔데스}
とうきょうの めいぶつです。

ジウン

_{와ー} _{이따다끼마스}
わあ、いただきます！

Words

_{란치}
ランチ
런치, 점심

_{헤ー}
へえ
아〜(감탄사)

_{메뉴ー}
メニュー
메뉴

_{몬쟈야끼}
もんじゃやき
몬자야키

_{메ー부쯔}
めいぶつ
명물

_{이따다끼마스}
いただきます
잘 먹겠습니다

지운 　하루히 씨, 지금 몇 시예요?

하루히 　아, 벌써 11시 반이네요.

　　　　오늘 점심은 여기예요.

지운 　아~ 메뉴가 뭐예요?

하루히 　몬자야키예요.

　　　　도쿄의 명물이죠.

지운 　와, 잘 먹겠습니다!

쑥쑥 Tip

track 042

수를 세는 단위는 여러 가지가 있습니다. 일본어에도 '일, 이, 삼'과 같은 한자 숫자도 있지만 '하나, 둘, 셋'에 해당하는 고유 숫자가 있어요. 물건과 사람 수 세는 방법을 간단히 알아 봅시다.

1	익꼬 いっこ 한 개	히또쯔 ひとつ 하나	히또리 ひとり 한 명
2	니꼬 にこ 두 개	후따쯔 ふたつ 둘	후따리 ふたり 두 명
3	상꼬 さんこ 세 개	밋쯔 みっつ 셋	산닝 さんにん 세 명
4	용꼬 よんこ 네 개	욧쯔 よっつ 넷	요닝 よにん 네 명
5	고꼬 ごこ 다섯 개	이쯔쯔 いつつ 다섯	고닝 ごにん 다섯 명
6	록꼬 ろっこ 여섯 개	뭇쯔 むっつ 여섯	로꾸닝 ろくにん 여섯 명
7	나나꼬 ななこ 일곱 개	나나쯔 ななつ 일곱	시찌닝 しちにん 일곱 명
8	하찌꼬 · 학꼬 はちこ · はっこ 여덟 개	얏쯔 やっつ 여덟	하찌닝 はちにん 여덟 명
9	큐-꼬 きゅうこ 아홉 개	코꼬노쯔 ここのつ 아홉	큐-닝 きゅうにん 아홉 명
10	쥭꼬 じゅっこ 열 개	토- とお 열	쥬-닝 じゅうにん 열 명
몇~?	낭꼬 なんこ 몇 개	이쿠쯔 いくつ 몇, 몇 개	난닝 なんにん 몇 명

브레드와
おしゃべり

몬자야키
긁어 먹는 게
포인트

관서 지방(오사카, 교토, 효고 등)에 '오코노미야키(お
このみやき)'가 있다면 관동 지방(도쿄, 지바, 사이타
마 등)에는 '몬자야키(もんじゃやき)'가 있어요. 공통으
로 들어가는 단어가 '야키(やき)'인데, '구이'라는 뜻이에
요. 둘 다 철판에 구워 먹는 음식이죠.

'오코노미(おこのみ)'는 '기호, 좋아하는 것'을 뜻하는
단어로, '기호에 따라 다양한 재료를 넣고 먹는 것'이라
는 의미인 만큼 관서 지방 사람들의 자유로운 정신과 사
고방식을 엿볼 수 있어요. 그렇다면 '몬자(もんじゃ)'는
어떤 의미일까요? 실은 몬자야키가 더 오랜 역사를 가
지고 있는데. 처음에 에도 시대(약 400년 전)에 대중음
식으로 보급되었을 때는 반죽된 밀가루로 문자를 그려
글씨 공부를 했다는 기록이 있습니다. 문자를 일본어로
'모지(もじ)'라고 하는데, '모지야키'가 몬자야키로 발음
이 변화해서 생긴 이름입니다. 조금 딱딱하고 격식을 중
요시하는 관동 사람들의 기질을 나타내는 이름이기도
하죠.

몬자야키는 특이한 외형 때문에 처음 경험하는 분들은
다들 놀라지만, 한 입 먹어 보면 짭짤한 맛에 금세 좋아
하게 되는 요리입니다. 오코노미야키와 몬자야키는 철
판에 구워 먹는 방식은 비슷하지만 먹는 방법과 완성된
모양은 달라요. 기본 재료는 밀가루, 소스, 육수를 섞어
만든 반죽이며 취향에 맞게 양배추, 해물, 고기 등을 넣
어 조리합니다.

먹기 좋게 잘라서 자신의 앞접시에 덜어 먹는 오코노미
야키와는 달리 몬자야키는 전용 주걱인 '고테(또는 헤
라)'로 꾹 눌러서 약간 태우듯이 긁어 먹는 게 포인트예
요. 가게마다 주력이 다르기 때문에 그 차이를 비교해 볼
수 있어요.

도쿄에 오신다면 쓰키시마 역(つきしまえき) 주변 몬자
야키 거리에 들러 현지인들과 함께 맥주 한잔 해 보시길
추천합니다!

もんじゃやき

우리말을 참고하여 문장을 완성해 보세요.

❶ _____ですか。

지금 몇 시예요?

❷ _____です。

12시 반이에요.

❸ _____ は _____ですか。

오늘은 몇 월 며칠이에요?

❹ _____ です。

3월 14일이에요.

❺ _____ は _____ ですか。

생일은 언제예요?

❻ _____ です。

2월 3일이에요.

❼ _____ は _____ ですか。

회식은 무슨 요일이에요?

❽ _____ の _____ です。

이번 주 수요일이에요.

Day 06 _____월_____일

남동생이 한 명 있어요.

앞서 배운 사람 수 세는 법과 가족 호칭을 넣어 대화해 보고
'있습니다, 없습니다'와 같은 존재 표현도 함께 익혀 봅시다.

 Step 1 **배울 내용 미리 보기**

scene 1
우리 가족이에요~

scene 2
강아지가 있나요?
네, 있어요

scene 3
시간 있어요?
없어요!

오늘 배울 주요 표현이에요. 음성을 잘 듣고 소리 내어 따라 해 보세요.

형제는 몇 명입니까?

쿄 ─ 다 이 와　난 닝 데 스 까
きょうだいは なんにんですか。

형제는 두 명입니다.

쿄 ─ 다 이 와　후 따 리 데 스
きょうだいは ふたりです。

오카모토 씨는 있습니까?

오 카 모 또　상 와　이 마 스 까
おかもとさんは いますか。

여기에는 없습니다.

코 꼬 니 와　이 마 셍
ここには いません。

자전거는 있습니까?

지 뗀 샤 와　아 리 마 스 까
じてんしゃは ありますか。

자전거는 없습니다.

지 뗀 샤 와　아 리 마 셍
じてんしゃは ありません。

Words

쿄 ─ 다 이
きょうだい 형제

난 닝
なんにん 몇 명

후 따 리
ふたり 두 명

이 마 스
います 있습니다(사람, 동물)

코 꼬 니 와
ここには 여기에는

이 마 셍
いません 없습니다(사람, 동물)

지 뗀 샤
じてんしゃ 자전거

아 리 마 스
あります 있습니다(사물, 식물)

아 리 마 셍
ありません 없습니다(사물, 식물)

(track 044)

きょうだいは なんにんですか。
쿄 - 다 이 와 난 닝 데 스 까

형제는 몇 명입니까?

 '무엇, 몇'을 뜻하는「なん」에 사람을 나타내는「にん」을 붙이면
'몇 명'이라는 뜻이 돼요.

카 조 꾸 와 난 닝 데 스 까
かぞくは なんにんですか。

가족은 몇 명이에요?

카 조 꾸 와 젬 부 데 난 닝 데 스 까
かぞくは ぜんぶで なんにんですか。

가족은 모두 몇 명이에요?

세 나 상 노 카 조 꾸 와 고 닝 데 스 까
せなさんの かぞくは 5にんですか。

세나 씨의 가족은 다섯 명이에요?

Words

카 조 꾸
かぞく 가족

젬 부 데
ぜんぶで 전부, 모두

고 닝
5にん 다섯 명

(track 045)

きょうだいは ふたりです。
쿄 - 다 이 와 후 따 리 데 스

형제는 두 명입니다.

 Day5에서 배운 사람 수 세는 표현을 참고하여 대답해 봅시다.

카 조 꾸 와 요 닝 데 스
(かぞくは) 4にんです。

(가족은) 네 명이에요.

카 조 꾸 와 치 치 또 하 하 또 아 네 노 요 닝 데 스
かぞくは ちちと ははと あねの 4にんです。

가족은 아버지와 어머니와 누나 (모두) 네 명이에요.

세 나 상 노 카 조 꾸 와 로 꾸 닝 데 스
せなさんの かぞくは 6にんです。

세나 씨의 가족은 여섯 명이에요.

Words

요 닝
4にん 네 명

치 치
ちち 아빠, 아버지

또
～と ～와/과

하 하
はは 엄마, 어머니

아 네
あね 언니, 누나

로 꾸 닝
6にん 여섯 명

가족 호칭 우리 가족을 남에게 말할 때와 남의 가족을 부를 때의 호칭이
약간 다르답니다.

💧 우리 가족 わたしの あねです.
우리 누나예요.

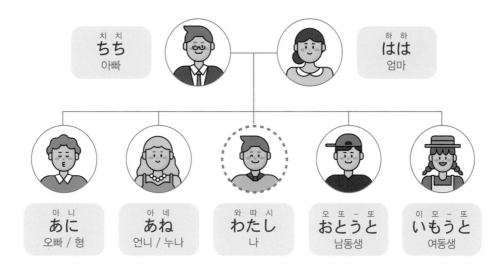

치 치 **ちち** 아빠			하 하 **はは** 엄마

| 아 니
あに
오빠 / 형 | 아 네
あね
언니 / 누나 | 와 따 시
わたし
나 | 오 또 – 또
おとうと
남동생 | 이 모 – 또
いもうと
여동생 |

💧 남의 가족 すずきさんの おねえさんです.
스즈키 씨의 언니예요.

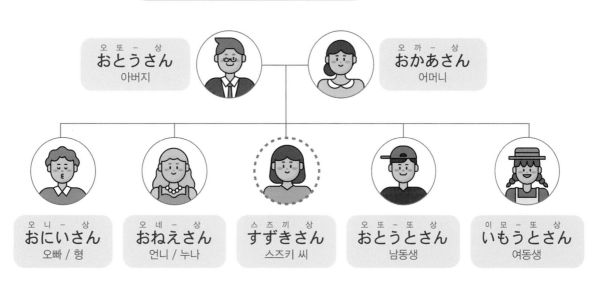

오 또 – 상 **おとうさん** 아버지			오 까 – 상 **おかあさん** 어머니

| 오 니 – 상
おにいさん
오빠 / 형 | 오 네 – 상
おねえさん
언니 / 누나 | 스 즈 끼 상
すずきさん
스즈키 씨 | 오 또 – 또 상
おとうとさん
남동생 | 이 모 – 또 상
いもうとさん
여동생 |

track 047

^{오 카 모 또} ^상 ^와 ^{이 마 스 까}
おかもとさんは いますか。

오카모토 씨는 있습니까?

움직이는 대상(사람, 동물)이 '있습니다'라고 할 때 「います」를 써요.
뒤에 「か」를 붙이면 의문문이 돼요.

^{쿄 ─ 다 이 와} ^{이 마 스 까}
きょうだいは いますか。

형제는 있어요?

^{아 니 가} ^{후 따 리} ^{이 마 스}
あにが ふたり います。

형이(오빠가) 두 명 있어요.

^{카 훼 니 네 코 가} ^{이 마 스}
カフェに ねこが います。

카페에 고양이가 있어요.

Words

^{카 훼}
カフェ 카페

^니
~に ~에

^{네 코}
ねこ 고양이

track 048

^{코 꼬 니 와} ^{이 마 셍}
ここには いません。

여기에는 없습니다.

움직이는 대상(사람, 동물)이 '없습니다'라고 할 때 「いません」을 써요.

^{오 또 ─ 또 와} ^{이 에 니 이 마 셍}
おとうとは いえに いません。

남동생은 집에 없어요.

^{이 모 ─ 또 와} ^{이 마 셍}
いもうとは いません。

여동생은 없어요.

^{오 니 ─ 상 와 이 마 셍 까}
おにいさんは いませんか。

형은(오빠는) 없어요?

Words

^{이 에}
いえ 집

^{이 모 ─ 또}
いもうと 여동생

^{오 니 ─ 상}
おにいさん 오빠, 형

(track 049)

지 뗀 샤 와 아 리 마 스 까
じてんしゃは ありますか。

자전거는 있습니까?

움직이지 않는 대상(사물, 식물)이나 추상적인 것이 '있습니다'라고
할 때 「あります」를 써요. 뒤에 「か」를 붙이면 의문문이 돼요.

아 시 따 테 스 또 가 아 리 마 스
あした、テストが あります。

내일 시험이 있어요.

쿄 - 약 소 꾸 가 아 리 마 스 까
きょう、やくそくが ありますか。

오늘 약속이 있나요?

코 - 엔 니 키 또 하 나 가 아 리 마 스
こうえんに きと はなが あります。

공원에 나무와 꽃이 있어요.

Words

약 소 꾸
やくそく 약속

코 - 엔
こうえん 공원

키
き 나무

하 나
はな 꽃

(track 050)

지 뗀 샤 와 아 리 마 셍
じてんしゃは ありません。

자전거는 없습니다.

움직이지 않는 대상(사물, 식물)이나 추상적인 것이 '없습니다'라고
할 때 「ありません」을 써요.

오 까 네 가 아 리 마 셍
おかねが ありません。

돈이 없어요.

쿄 - 와 지 깡 가 아 리 마 셍
きょうは じかんが ありません。

오늘은 시간이 없어요.

오 미 세 니 츄 - 샤 죠 - 가 아 리 마 셍
おみせに ちゅうしゃじょうが ありません。

가게에 주차장이 없어요.

Words

오 까 네
おかね 돈

지 깡
じかん 시간

츄 - 샤 죠 -
ちゅうしゃじょう
주차장

① 〔보기〕에 제시된 말을 참고하여 빈칸을 채우세요.

┌─────────── 보기 ───────────┐
　　なんにんですか　　　います　　　あります
└────────────────────────────┘

① あした、 テストが ＿＿＿＿＿＿＿＿＿＿＿。 내일 시험이 있어요.

② かぞくは ＿＿＿＿＿＿＿＿＿＿。 가족은 몇 명이에요?

③ いもうとが ひとり ＿＿＿＿＿＿＿＿＿＿。 여동생이 한 명 있어요.

② 그림을 보고 알맞게 문장을 완성하세요.

┌─────────── 보기 ───────────┐
　　こうえんに きが あります。
　　こうえんに ねこが います。
　　こうえんに ひとは いません。
　　こうえんに はなは ありません。
└────────────────────────────┘

① こうえんに はなが ＿＿＿＿＿＿＿＿＿＿。

② うみに ひとが ＿＿＿＿＿＿＿＿＿＿＿。

③ 그림과 관련된 단어를 고르세요.

①

a. おじいさん

b. おばあさん

②

a. ひとり

b. ふたり

③

a. きょう

b. あした

1주

Day 06

④ 일본어를 잘 듣고 정확한 발음을 히라가나로 쓰고 뜻도 써 보세요.

track
051

①
②
③

はるひ

_{지 운 상 카 조 꾸 와 난 닝 데 스 까}
ジウンさん、かぞくは なんにんですか。

track 052

ジウン

_{요 닝 데 스}
4にんです。

はるひ

_{쿄 ― 다 이 와 이 마 스 까}
きょうだいは いますか。

ジウン

_{오 또 ― 또 가 히 또 리 이 마 스}
おとうとが ひとり います。
_{카 와 이 ― 데 스 요}
かわいいですよ。
_{치 나 미 니 코 ― 꼬 ― 세 ― 데 스}
ちなみに こうこうせいです。

はるひ

_{소 ― 데 스 까}
そうですか。
_{카 조 꾸 노 샤 싱 와 아 리 마 스 까}
かぞくの しゃしんは ありますか。

ジウン

_{카 조 꾸 젬 부 노 샤 싱 와 나 이 데 스}
かぞく ぜんぶの しゃしんは ないです。
_{데 모 오 또 ― 또 노 샤 싱 와 아 리 마 스}
でも、おとうとの しゃしんは あります。

Words

_{카 와 이 ― 데 스}
かわいいです
귀엽습니다

_{치 나 미 니}
ちなみに
참고로

_{소 ― 데 스 까}
そうですか
그렇습니까?

_{샤 싱}
しゃしん
사진

_{데 모}
でも
그러나, 근데

하루히   지운 씨, 가족은 몇 명이에요?

지운   네 명이에요.

하루히   형제는 있어요?

지운   남동생이 한 명 있어요.

      귀여워요.

      참고로 고등학생이에요.

하루히   그래요?

      가족사진은 있나요?

지운   가족 모두의 사진은 없어요.

      근데, 남동생 사진은 있어요.

 쑥쑥 Tip

track
053

○ 「いません」과 「ありません」의 또 다른 표현

「いません」, 「ありません」을 일상 회화에서 「いないです (사람, 동물) 없습니다」, 「ないです (사물, 식물) 없습니다」라고도 합니다.

쿄 ― 와 이 에 니 다 레 모   이 나 이 데 스
きょうは いえに だれも いないです。 (= いません)
오늘은 집에 아무도 없습니다.

니 혼 노 야 마 니 와   토 라 가   이 나 이 데 스
にほんの やまには とらが いないです。 (= いません)
일본의 산에는 호랑이가 없습니다.

게 쯔 마 쯔 와 오 까 네 가   나 이 데 스
げつまつは おかねが ないです。 (= ありません)
월말에는 돈이 없습니다.

니 와 니 와   하 나 가   나 이 데 스
にわには はなが ないです。 (= ありません)
정원에는 꽃이 없습니다.

이 표현은 캐주얼한 뉘앙스가 느껴져 젊은 층에서 많이 사용하는데, 상대방이 연장자이거나 비즈니스 상에서 격식을 차려야 할 때는 「いません」, 「ありません」을 사용하는 것이 좋습니다.

브레드와 おしゃべり

일본의 슬기로운 카페 생활

여행을 다니다가 쉬고 싶을 때 카페를 찾는 건
어느 나라에서나 마찬가지이겠죠.
여러분이라면 한국에서도 볼 수 있는 유명한 카페 체인점에
들어가시겠어요? 아니면 모처럼 일본에 왔으니
독특한 일본 스타일의 카페를 찾아 보시겠어요?

개성이 너무 넘치는 곳은 부담스럽다고 느끼시는 분들
도 많을 테니 여기서는 무난한 곳을 몇 군데 소개해 볼까
합니다. 그렇다고 개성이 없다는 의미는 아닙니다. 무엇
을 기준으로 찾느냐에 따라 선택 순위가 달라지겠죠.
점포 수로 보면, 역시 일본도 '스타벅스'가 단연 1위예요.
그 다음으로는 '도토루 커피', '고메다 커피', '탈리즈 커
피', '산마루쿠 카페'가 차지하고 있어요. 점포 수가 많으
면 찾기도 쉽고, 그만큼 이용이 쉬우니 안심감도 느껴지
실 거예요.

가격대로 보면, '산마루쿠 카페', '도토루 커피', '카페 드
크리에'가 비교적 저렴한 편이어서 인기가 있답니다. 아
메리카노가 200~300엔 정도 해요.
마지막으로 분위기 좋은 곳으로 보면, '호시노코히(星乃
珈琲)', '깃사시츠 르누아르(喫茶室ルノアール)', '무사
시노모리 코히(むさしの森珈琲)' 같은 곳도 있습니다.
일본은 아침 이른 시간에 가면 가성비 좋은 모닝 메뉴를
이용할 수 있는 카페도 많으니 여러분도 일본에서 슬기
로운 카페 생활을 즐겨 보시면 어떠세요?

우리말을 참고하여 문장을 완성해 보세요.

1 かぞくは _____ 。

가족은 몇 명입니까?

2 がくせいは _____ 。

학생은 모두 열 명입니다.

3 いもうとが _____ 。

여동생이 한 명 있습니다.

4 おとうとは がっこうに _____ 。

남동생은 학교에 없습니다.

5 ねこは どこに _____ 。

고양이는 어디에 있습니까?

6 あした、やくそくが _____ 。

내일 약속이 있습니다.

7 にわに はなが _____ 。

정원에 꽃이 있습니다.

8 あにの しゃしんは _____ 。

오빠(형)의 사진은 없습니다.

Day 07 ___월___일

도쿄는 오늘까지예요.

일본어에도 다양한 조사가 있어요. 지금까지 배운 「〜は ~은/는」, 「〜が ~이/가」, 「〜に~에」 외에 기본적으로 많이 사용하는 조사를 익혀 봅시다.

 Step 1 ┃ 배울 내용 미리 보기

scene 1

내일까지 휴가예요~

scene 2

이건 체리이고, 저건 블루베리예요

scene 3

편의점에 잡지도 있어요

scene 4

메론쌍이랑 크로와쌍은
제 친구예요

오늘 배울 주요 표현이에요. 음성을 잘 듣고 소리 내어 따라 해 보세요.

track 054

🗨 오늘부터 모레까지 휴무입니다.

쿄 ― 까라 아 삿 떼 마 데 야 스 미 데 스
きょうから あさってまで やすみです。

🗨 저것은 사과이고 이것은 배입니다.

아 레 와 링 고 데 코 레 와 나 시 데 스
あれは りんごで これは なしです。

🗨 도서관에 식당도 있습니다.

토 쇼 깐 니 쇼 꾸 도 ― 모 아 리 마 스
としょかんに しょくどうも あります。

🗨 공원에는 나무랑 연못 등이 있습니다.

코 ― 엔 니 와 키 야 이 께 나 도 가 아 리 마 스
こうえんには きや いけ などが あります。

Words

아 삿 떼
あさって 모레

야 스 미
やすみ 휴무, 휴가, 휴일

링 고
りんご 사과

나 시
なし 배

토 쇼 깐
としょかん 도서관

쇼 꾸 도 ―
しょくどう 식당

이 께
いけ 연못

나 도
など ~등

(track 055)

^{쿄 - 까라 아 삿 떼 마 데 야 스 미 데 스}
きょうから あさってまで やすみです。

오늘부터 모레까지 휴무입니다.

조사 「〜から 〜에서/부터」, 「〜まで 〜까지」는 시간과 장소의

시작점과 끝 지점을 나타내요.

^{아 루 바 이 또 와 쿄 - 까 라 아 시 따 마 데 데 스}
アルバイトは きょうから あしたまでです。

아르바이트는 오늘부터 내일까지예요.

^{토 - 꾜 - 까 라 오 - 사 까 마 데 고햐꾸 키 로 구 라 이 데 스}
とうきょうから おおさかまで 500キロぐらいです。

도쿄에서 오사카까지 500km 정도예요.

^{이 찌 지 까 라 요 지 마 데 시 껭 데 스}
1じから 4じまで しけんです。

1시부터 4시까지 시험이에요.

Words

^{키 로}
キロ
km, 킬로미터

^{구 라 이}
ぐらい 정도

^{시 껭}
しけん 시험

(track 056)

^{아 레 와 링 고 데 코 레 와 나 시 데 스}
あれは りんごで これは なしです。

저것은 사과이고 이것은 배입니다.

「〜が 〜이/가」, 「〜は 〜은/는」은 주어나 행동의 강조를 나타낼 때,

「〜で 〜이고, 〜에서」는 열거나 장소 등의 의미를 나타낼 때 사용해요.

^{코 레 가 코 - 히 - 데 소 레 와 오 챠 데 스}
これが コーヒーで それは おちゃです。

이것이 커피이고 그것은 녹차예요.

^{카 이 샤 데 카 이 기 가 아 리 마 스}
かいしゃで かいぎが あります。

회사에서 회의가 있어요.

^{캉 꼬꾸 료 꼬 - 가 타 노 시 미 데 스}
かんこく りょこうが たのしみです。

한국 여행이 기대됩니다.

Words

^{코 - 히 -}
コーヒー 커피

^{오 챠}
おちゃ 차, 녹차

^{료 꼬 -}
りょこう 여행

^{타 노 시 미}
たのしみ 즐거움, 기대

(track 057)

토 쇼 깐 니 쇼 꾸도-모 아리마스
としょかんに しょくどうも あります。

도서관에 식당도 있습니다.

「〜に 〜에, 〜로」는 시간이나 장소, 방향에 사용되는데,

「あさ 아침, ごご 오후」등 시간대를 나타내는 말 뒤에는 쓰지 않아요. 「あさに(X)」

호 테 루 니 온 센 모 아리마스
ホテルに おんせんも あります。

호텔에 온천도 있습니다.

고 고 오 끼 나 와 니 슙 빠 쯔 데 스
ごご、おきなわに しゅっぱつです。

오후에 오키나와로 출발입니다.

니 찌 요 - 비 모 시 고 또 데 스
にちようびも しごとです。

일요일도 일입니다(일합니다).

Words

~も ~도

온 센
おんせん 온천

오 끼 나 와
おきなわ 오키나와

슙 빠 쯔
しゅっぱつ 출발

시 고 또
しごと 일, 업무

(track 058)

코 - 엔 니 와 키 야 이 께 나 도 가 아 리 마 스
こうえんには きや いけ などが あります。

공원에는 나무랑 연못 등이 있습니다.

「〜や 〜와/과/랑」은 열거할 때, 「〜の 〜의」는 소유의 의미나 명사와 명사

사이를 연결하는 역할을 해요. 우리말로는 해석을 생략할 수도 있어요.

아 까 야 키 이 로 노 하 나 가 아 리 마 스
あかや きいろの はなが あります。

빨강이랑 노란 꽃이 있어요.

링 고 야 부 도 - 야 미 깡 가 아 리 마 스
りんごや ぶどうや みかんが あります。

사과와 포도와 귤이 있어요.

세 나 상 와 니 홍 고 노 센 세 - 데 스
せなさんは にほんごの せんせいです。

세나 씨는 일본어 선생님이에요.

Words

아 까
あか 빨강, 빨간색

키 이 로
きいろ 노랑, 노란색

부 도 -
ぶどう 포도

미 깡
みかん 귤

1 보기 에 제시된 말을 참고하여 빈칸을 채우세요.

┌─── 보기 ───┐

から　　まで　　で　　に　　も

① にわ ＿＿＿＿＿ はな ＿＿＿＿＿ あります。 정원에 꽃도 있어요.

② きょう ＿＿＿＿＿ あした ＿＿＿＿＿ しけんです。 오늘부터 내일까지 시험이에요.

③ ホテル ＿＿＿＿＿ やくそくが あります。 호텔에서 약속이 있습니다.

2 그림을 보고 알맞게 문장을 완성하세요.

┌─── 보기 ───┐

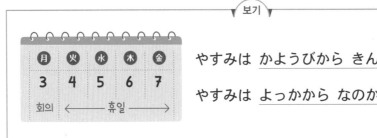

やすみは かようびから きんようびまでです。

やすみは よっかから なのかまでです。

①

みせは ごぜん ＿＿＿＿＿＿＿＿＿＿＿＿＿＿。

②

＿＿＿＿＿＿＿＿＿＿＿＿＿＿ あめです。

3 그림과 관련된 단어를 고르세요.

①

②

③

a. じてんしゃ

b. しんかんせん

a. かいぎ

b. しけん

a. あか

b. きいろ

4 일본어를 잘 듣고 정확한 발음을 히라가나로 쓰고 뜻도 써 보세요.

track 059

①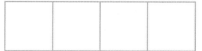

_____

②

_____

③

_____

track
060

はるひ

<small>토 ─ 꾜 ─ 와　쿄 ─ 마데데스네</small>
とうきょうは きょうまでですね。

<small>아시따까라와　도꼬데스까</small>
あしたからは どこですか。

ジウン

<small>아시따가　하코네데</small>
あしたが はこねで

<small>소레까라　시라카와고 ─ 데스</small>
それから しらかわごうです。

はるひ

<small>안 나이와　켄토　상데스네</small>
あんないは けんとさんですね。

ジウン

<small>신 깐 센 야　바스노　료꼬 ─ 가</small>
しんかんせんや バスの りょこうが

<small>타노시미데스</small>
たのしみです。

はるひ

<small>키오 츠께떼　잇떼랏샤 이</small>
きを つけて いってらっしゃい。

Words

<small>하 코 네</small>
はこね
하코네(지명)

<small>소 레 까 라</small>
それから
그리고, 그 다음에

<small>시 라 카 와 고 ─</small>
しらかわごう
시라카와고

<small>안 나 이</small>
あんない
안내

<small>바 스</small>
バス
버스

하루히   도쿄는 오늘까지죠?

        내일부터는 어디예요?

지운   내일이 하코네이고, 그 다음에 시라카와고예요.

하루히   안내는 켄토 씨죠?

지운   신칸센과 버스 여행이 기대됩니다.

하루히   조심히 다녀오세요.

일본의 고속 철도 신칸센

일본을 대표하는 고속 철도 신칸센은 1964년 도쿄올림픽 직전에 운행을 개시했습니다. 당시 도쿄와 오사카(신오사카역)를 4시간에 갈 수 있어서 '꿈의 초특급'이라고 불렸습니다. 그 전에는 7시간이나 걸렸으니까요. 세월이 흘러 지금은 최고 속도 285km로 도쿄에서 오사카까지 2시간 20분만에 갈 수 있습니다. 운행 노선도 홋카이도, 도호쿠, 규슈를 비롯해 7개 노선으로 일본 전국으로 연결되어 있습니다. 요금이 조금 비싼 편이지만 인터넷 예약 등 여러 방법으로 할인 혜택도 받을 수 있습니다.

그러나 철도 여행을 즐기는 사람들에게는 조금 아쉬운 점도 있습니다. 각 역에서 거의 1, 2분밖에 정차하지 않기 때문에 잠깐 내려서 지역의 특산물을 맛보려고 해도 시간적 여유가 없습니다. 혹시 기차 여행을 느긋하게 즐기고 싶으시다면 지방 특급 열차를 이용하시기를 추천합니다.

고속 철도 신칸센

지방 특급 열차

브레드와
おしゃべり

핸드폰 번호,
사적인 자리에선 묻지 않는다

우리나라에서는 사적인 만남, 비즈니스, 남녀노소를 불문하고, 큰 거부감 없이 서로의 개인 연락처를 묻는 경우가 많은데요, 일본에서는 목적과 상황에 따라 조금 다릅니다. 비즈니스상의 만남의 경우에는 일본도 한국과 마찬가지로 명함을 교환하며 연락처를 주고받습니다. 다만 사적일 경우 그 상황이 조금 달라집니다.

친구 소개나 우연히 만나는 사적인 만남의 경우는 한국의 카카오톡처럼 일본에서 대중적으로 사용되는 대표 메신저 '라인'으로 연락처를 교환하는 경우가 많습니다. 핸드폰 번호를 저장하면 자동으로 카카오톡이 연결되는 한국의 방식과는 다소 차이가 있습니다. 다만, 스마트폰 활용이 익숙하지 않은 중장년층의 경우 사적인 만남에서도 개인 번호를 교환하자고 제안하시는 분들이 종종 있습니다.

그럼, 일본에서 전화번호는 필요 없을까요? 이런 질문에 대해서는, 여행이 아니라 일본에서 잠시라도 생활을 해야 하는 경우라면 전화번호는 꼭 필요하다고 말씀드리고 싶습니다. 개인과 개인 사이의 의사소통뿐만 아니라, 회사, 병원, 각종 계약 등 무엇인가 자신을 증명해야 하는 문서 등을 작성할 때는 필수적으로 기입해야 하기 때문에 전화번호는 반드시 있어야 합니다.

우리말을 참고하여 문장을 완성해 보세요.

① げつようび＿＿＿ すいようび＿＿＿ しけんです。

월요일부터 수요일까지 시험입니다.

② アルバイト＿＿＿ ごじ＿＿＿ はちじ＿＿＿です。

아르바이트는 5시부터 8시까지입니다.

③ ここ＿＿＿ ぎんこう＿＿＿ あそこ＿＿＿ デパートです。

여기는 은행이고 저기가 백화점입니다.

④ かいしゃ＿＿＿ テスト＿＿＿ あります。

회사에서 테스트가 있습니다.

⑤ へや＿＿＿ エアコン＿＿＿ あります。

방에 에어컨도 있습니다.

⑥ ＿＿＿＿、 はこね＿＿＿ しゅっぱつです。

아침에 하코네로 출발입니다.

⑦ コーヒー＿＿＿ おちゃ＿＿＿ あります。

커피랑 녹차가 있습니다.

⑧ たなかさんは ＿＿＿＿＿＿＿＿＿です。

다나카 씨는 일본어 선생님입니다.

Week
2

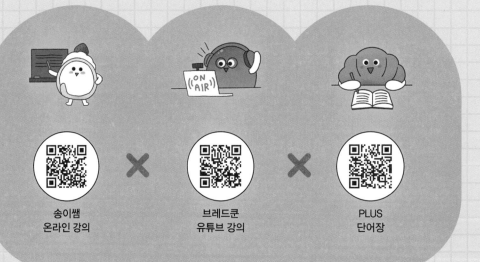

송이쌤
온라인 강의

브레드쿤
유튜브 강의

PLUS
단어장

Weekly Plan

	Can do	학습 List	Check
Day 08	✹ な형용사 기본형, 정중형, 의문형, 부정형, 명사 수식형	～です ～ㅂ/습니다 ～ですか ～ㅂ/습니까? ～じゃないです ～지 않습니다 ～じゃないですか ～지 않습니까? ～な ＋ 명사 ～한～	○ ○ ○ ○ ○
Day 09	✹ な형용사 과거형, 과거 부정형, 과거 의문형	～でした ～았/었습니다 ～でしたか ～았/었습니까? ～じゃなかったです ～지 않았습니다 ～じゃなかったですか ～지 않았습니까?	○ ○ ○ ○
Day 10	✹ い형용사 기본형, 정중형, 의문형, 부정형, 명사 수식형	～です ～ㅂ/습니다 ～ですか ～ㅂ/습니까? ～くないです ～지 않습니다 ～くないですか ～지 않습니까? ～い ＋ 명사 ～한～	○ ○ ○ ○ ○
Day 11	✹ い형용사 과거형, 과거 부정형, 과거 의문형	～かったです ～았/었습니다 ～かったですか ～았/었습니까? ～くなかったです ～지 않았습니다 ～くなかったですか ～지 않았습니까?	○ ○ ○ ○
Day 12	✹ 형용사의 연결·이유 ✹ 역접 문장	**な형용사** : ～で ～고, ～아/어서 **い형용사** : ～くて ～고, ～아/어서 **な형용사** : ～ないですが ～지 않지만 **い형용사** : ～くないですが ～지 않지만	○ ○ ○ ○
Day 13	✹ 좋아하는 것, 갖고 싶은 것 ✹ 비교, 예정	～が 好きです ～를 좋아합니다 ～が ほしいです ～를 갖고 싶습니다 ～の 予定です ～예정입니다 ～と ～と どちらが 好きですか ～와 ～와 어느 쪽이 좋습니까?	○ ○ ○ ○
Day 14	✹ 동사 기본형 ✹ 가능, 상황(경우), 예정	～のは ～(하)는 것은 ～ことが できます ～(할) 수가 있습니다 ～時が あります ～(할) 때가 있습니다 ～予定です ～(할) 예정입니다	○ ○ ○ ○

하코네 마을은 번화한가요?

일본어는 형용사가 두 가지 있어요. '**な**형용사'와 '**い**형용사'가 있는데 오늘은 **な**형용사부터
배워 볼게요. 기본형, 정중형, 의문형, 부정형, 명사 수식형 등 원리만 알면 쉽게 활용할 수 있어요.

 Step 1 **배울 내용 미리 보기**

scene 1
시험은 간단해요

scene 2
시험은 간단하지 않아요

scene 3
공부, 힘들지 않아요?
힘들어요

scene 4
유명한 학교예요

오늘 배울 주요 표현이에요. 음성을 잘 듣고 소리 내어 따라 해 보세요.

track 061

일본어는 간단합니까(쉽습니까)?

日本語は 簡単ですか。

네, 간단합니다.

はい、簡単です。

아니요, 간단하지 않습니다.

いいえ、簡単じゃないです。

가게 사람(점원)은 친절하지 않습니까?

お店の 人は 親切じゃないですか。

매우 친절합니다.

とても 親切です。

여기는 깨끗한 호텔입니다.

ここは きれいな ホテルです。

Words

簡単です 간단합니다

親切じゃないですか 친절하지 않습니까

簡単じゃないです 간단하지 않습니다

きれいな 깨끗한, 예쁜

(お)店 가게

2주

Day 08

91

주요 문형에 들어가기 전에 な형용사에 대해 알아봅시다.

🔵 기본형 (반말)

사물의 성질이나 상태, 사람의 성격 등을 나타내는 표현으로, 기본형이 「〜だ」로 끝나는 형용사예요.

まじめだ 성실하다

^{しんせつ}親切だ 친절하다

^{ゆうめい}有名だ 유명하다

🔵 정중형 (존댓말)

어미 「〜だ」를 「〜です」로 고치면 됩니다.

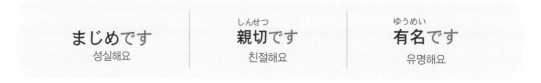

まじめです
성실해요

親切です
친절해요

有名です
유명해요

🔵 명사 수식형

명사를 꾸밀 때는 어미 「〜だ」를 「〜な」로 바꾸면 됩니다.

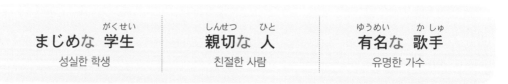

まじめな 学生
성실한 학생

親切な 人
친절한 사람

有名な 歌手
유명한 가수

(track 063)

日本語は 簡単ですか。
にほんご　　かんたん

일본어는 간단합니까(쉽습니까)?

기본형의 어미「～だ」를「～ですか」로 바꾸면 의문문이 돼요.

電車は 便利ですか。
でんしゃ　　べんり

전철은 편리한가요?

歌は 上手ですか。
うた　　じょうず

노래는 잘하나요?

カレーは 好きですか。
す

카레는 좋아하나요?

Words

電車 전철
でんしゃ

便利だ 편리하다
べんり

歌 노래
うた

上手だ 잘하다
じょうず

カレー 카레

好きだ 좋아하다
す

2주 Day 08

(track 064)

はい、簡単です。
かんたん

네, 간단합니다.

긍정으로 대답하려면「はい、～です」라고 해요.

はい、便利です。
べんり

네, 편리해요.

はい、上手です。
じょうず

네, 잘해요.

はい、好きです。
す

네, 좋아해요.

(track 065)

いいえ、簡単じゃないです。

아니요, 간단하지 않습니다.

부정으로 대답하려면 「いいえ、〜じゃないです」라고 해요.
조금 격식 차린 표현으로 「〜じゃありません」도 있어요.

いいえ、便利じゃないです。
아니요. 편리하지 않아요.

いいえ、上手じゃないです。
아니요. 잘하지 못해요.

いいえ、好きじゃないです。
아니요. 좋아하지 않아요.

(track 066)

お店の 人は 親切じゃないですか。

가게 사람(점원)은 친절하지 않습니까?

「〜じゃないです 〜지 않습니다」 뒤에 「か」를 붙이면 '〜지 않습니까?'라는
의미가 돼요. 이때 대답은 상황에 맞게 「はい」또는 「いいえ」로 쓸 수 있어요.

勉強は 大変じゃないですか。
공부는 힘들지 않아요?

いいえ。大変じゃないです。
아니요. 힘들지 않아요.

はい。大変です。
네. 힘들어요.

Words

勉強 공부
大変だ 큰일이다, 힘들다

(track 067)

ここは きれいな ホテルです。

여기는 깨끗한 호텔입니다.

な형용사가 뒤에 오는 명사를 수식할 때는 어미「だ」를「な」로 바꿉니다.

ゆうめい おんせん
有名な 温泉

유명한 온천

と しょかん
しずかな 図書館

조용한 도서관

げん き こ
元気な 子ども

활발한 아이

Words

きれいだ 깨끗하다, 예쁘다
おんせん
温泉 온천

しずかだ 조용하다
と しょかん
図書館 도서관
げん き
元気だ 건강하다, 기운차다
こ
子ども 아이

「同じだ 같다」의 명사 수식형은「同じな」가 아니라「同じ」예요.
同じ ホテル (○)　　　同じな ホテル (✗)

🌢 그 밖에 자주 쓰는 な형용사

(track 068)

きら **嫌いだ** 싫어하다	へ た **下手だ** 서툴다, 못하다	**ひまだ** 한가하다	**にぎやかだ** 번화하다, 북적이다
じょう ぶ **丈夫だ** 튼튼하다	**りっぱだ** 훌륭하다	**すてきだ** 멋지다, 근사하다	**ハンサムだ** 잘생기다
らく **楽だ** 편하다	ふ べん **不便だ** 불편하다	たいせつ **大切だ** 소중하다	だい じ **大事だ** 중요하다

❶ 보기 에 제시된 말을 문장에 맞게 고쳐 넣으세요.

┌─────────────────── 보기 ───────────────────┐
| 大変だ   有名だ   まじめだ |
| たいへん   ゆうめい |
└───┘

① ここは ＿＿＿＿＿＿＿＿ 温泉です。 여기는 유명한 온천입니다.
　　　　　　　　　　　　　　おんせん

② 勉強は ＿＿＿＿＿＿＿＿＿＿＿＿。 공부는 힘들지 않아요?
　　べんきょう

③ あの 学生は ＿＿＿＿＿＿＿＿＿。 저 학생은 성실합니다.
　　　　がくせい

❷ 서로 반대되는 의미끼리 연결해 보세요.

① しんせつだ　・　　　　　　　・ a. すきだ

② じょうずだ　・　　　　　　　・ b. ふべんだ

③ にぎやかだ　・　　　　　　　・ c. へただ

④ べんりだ　・　　　　　　　・ d. ふしんせつだ

⑤ きらいだ　・　　　　　　　・ e. しずかだ

③ 그림과 관련된 단어를 고르세요.

①

a. ゆうめいだ
b. しんせつだ

②

a. べんりだ
b. げんきだ

③

a. きらいだ
b. きれいだ

④ 일본어를 잘 듣고 정확한 발음을 히라가나로 쓰고 뜻도 써 보세요.

track 069

①

②

③

2주 Day 08

track
070

ジウン

箱根の 町は にぎやかですか。

けんと

いいえ、そんなに にぎやかじゃないです。
しずかです。

ジウン

箱根は ろてんぶろが 有名じゃないですか。

けんと

ええ。便利な 観光 チケットも
ありますよ。

ジウン

日本は やっぱり 温泉ですね。

Words

箱根 하코네

そんなに 그렇게

ろてんぶろ 노천탕

ええ 네, 예

観光 관광

チケット 티켓, 표

やっぱり 역시

지운　　하코네 마을은 번화한가요?

켄토　　아니요, 그렇게 번화하지 않아요. 조용해요.

지운　　하코네는 노천탕이 유명하지 않나요?

켄토　　네. 편리한 관광 티켓도 있어요.

지운　　일본은 역시 온천이네요.

쑥쑥 Tip

track 071

2주 Day 08

● **대화를 풍부하게 만드는 부사 모음**

문장에서 서술어 기능을 하는 말(동사·형용사) 등의 앞에 놓여 그 뜻을 강조하거나 분명하게 하는 말을 부사라고 하죠. 오늘 회화에서도 「そんなに」나 「やっぱり」와 같은 부사가 사용되었는데요. 일상생활에서 빈번히 사용되는 표현을 몇 개 배워 볼게요. 모르는 단어는 해석을 통해 기억해 두세요.

すこ
少し 조금, 약간

じ かん　　すこ
時間が 少し あります。
시간이 조금 있어요.

はじ
初めて 처음

に ほん　　はじ
日本は 初めてです。
일본은 처음이에요.

すぐ 곧, 바로

いま　　にがつ　　　　　はる
今は 2月。すぐ 春です。
지금은 2월. 곧 봄이에요.

ゆっくり 천천히, 느긋하게

じ かん　　はや
時間が 早いから ゆっくりで
いいですよ。
시간이 이르니까 천천히 (해도) 괜찮아요.

まっすぐ 똑바로, 곧장

えき　　　　みち
駅まで 道は まっすぐです。
역까지 길은 직진(직선)이에요.

あまり 그다지, 별로

　　　　　　　　　　　　す
パンは あまり 好きじゃないです。
빵은 별로 좋아하지 않아요.

브레드와 おしゃべり

하코네의 매력 '온천'

도쿄 근교의 '온천' 하면 가장 먼저 떠오르는 하코네(箱根). 도쿄의 중심부 신주쿠에서 1시간 30분 이내로 갈 수 있어서 현지인들 사이에서도 굉장히 인기가 많습니다. 일본의 명산 '후지산(富士山)', 무서운 테마파크로 꼽히는 '후지큐 하이랜드(富士急ハイランド)'와 가까워서 함께 돌아보는 경우가 많습니다. '하코네' 하면 떠오르는 산 오와쿠다니(大涌谷)에는 굉장히 재미있는 곳이 존재하는데, 이름하여 '흑계란관(くろたまご館)'. 이름 그대로 껍질이 새까만 삶은 계란을 뜻합니다. 날계란을 약 80도의 온천물에 넣어 한 시간 정도 삶으면 껍질에 철분이 부착되는데 여기에 황화수소가 반응해 새까매진다고 합니다. 한 개를 먹으면 수명이 7년 늘어난다고 알려져 있어서 많은 사람들이 한번씩 찾는 곳이에요.

그렇다면 하코네 온천은 어떤 매력이 있을까요?

하코네 화산을 중심으로 주변에 20개나 있는 각기 특색 있는 온천 중에서도 하코네 입구를 지키는 '유모토 온천(湯本温泉)'이 으뜸입니다. 역사가 약 1,300년이나 된다고 하니 깊은 정취를 간직한 일본의 대표적인 온천이라고 말할 수 있죠. 여기서부터 하코네 일대를 돌아볼 수 있는 '하코네 프리패스' 티켓을 이용하면 등산 철도, 케이블카, 아시호수 유람선(해적선) 등 다양한 교통을 마음껏 이용하면서 하코네의 자연을 만끽할 수 있습니다. 호텔이나 전통 여관에 숙박하지 않아도 노천탕을 몇 시간 동안 즐길 수 있는 당일치기 코스도 있습니다.

우리말을 참고하여 문장을 완성해 보세요.

1 東^{とうきょう}京の 電^{でんしゃ}車は _____。

도쿄의 전철은 불편합니까?

2 いいえ、_____。

아니요, 불편하지 않습니다.

3 おこのみやきは _____。

오코노미야키는 좋아합니까?

4 はい、_____。

네, 좋아합니다.

5 しごとは _____。

일은 힘들지 않습니까?

6 いいえ、_____。

아니요, 힘들지 않습니다.

7 _____ ホテル

예쁜(깨끗한) 호텔

8 _____ なまえ

같은 이름

정말로 깨끗했어요.

な형용사의 과거형을 익히고, 과거 부정형(~지 않았습니다)과
과거 의문형(~지 않았습니까?)도 함께 배워 봅시다.

 Step 1 배울 내용 미리 보기

scene 1
어제는 한가했어요?
네, 한가했어요

scene 2
어제는 한가했어요?
아니요, 한가하지 않았어요

오늘 배울 주요 표현이에요. 음성을 잘 듣고 소리 내어 따라 해 보세요.

track
072

방은 깨끗했습니까?

へやは きれいでしたか。

아니요, 깨끗하지 않았습니다.

いいえ、きれいじゃなかったです。

그 사람은 친절하지 않았습니까?

その 人は 親切じゃなかったですか。
ひと　　しんせつ

아니요, 매우 친절했습니다.

いいえ、とても 親切でした。
しんせつ

2주

Day 09

Words

へや 방

親切だ 친절하다
しんせつ

～でした ～었습니다

～でしたか ～었습니까?

～じゃなかったですか ~지 않았습니까?

～じゃなかったです ~지 않았습니다

とても 매우, 무척

(track **073**)

へやは きれいでしたか。

방은 깨끗했습니까?

 な형용사의 어미 「〜だ」를 「〜でした」로 바꾸면 '〜았/었습니다'라는 뜻이 돼요. 뒤에 「か」를 붙이면 의문문이 돼요.

きのうは ひまでしたか。
어제는 한가했어요?

テストは 簡単^{かんたん}でしたか。
테스트는 간단했나요(쉬웠나요)?

仕事^{しごと}は 楽^{らく}でしたか。
일은 편했어요?

Words
仕事^{しごと} 일, 업무

(track **074**)

いいえ、きれいじゃなかったです。

아니요. 깨끗하지 않았습니다.

 な형용사의 어미 「〜だ」를 「〜じゃなかったです」로 바꾸면 '〜지 않았습니다'라는 뜻이 돼요. 「はい / いいえ」대신 가볍게 「ええ / いや」로 대답할 수 있어요.

いいえ、ひまじゃなかったです。
아니요, 한가하지 않았어요.

ええ、テストは 簡単^{かんたん}でした。
네, 테스트는 간단했어요(쉬웠어요).

いや、大変^{たいへん}でした。
아니, 힘들었어요.

Words

ええ 네, 예

いや 아니, 아니요

(track 075)

その 人は 親切じゃなかったですか。
그 사람은 친절하지 않았습니까?

「~じゃなかったです ~지 않습니다」의 뒤에 「か」를 붙이면 '~지 않았습니까?' 하고
묻는 표현이 돼요. 이때 상황에 맞게 긍정과 부정으로 대답할 수 있어요.

その 計画は 少し 無理じゃなかったですか。
그 계획은 좀 무리가 아니었나요?

はい、少し 無理でした。
네, 좀 무리였어요.

いや、無理じゃなかったです。
아니요, 무리가 아니었어요.

Words
計画 계획
少し 조금, 좀
無理だ 무리다

2주
Day 09

🌢 な형용사 한눈에 정리하기

好きだ	좋아하다
好きです	좋아합니다
好きじゃないです 好きじゃありません	좋아하지 않습니다
好きでした	좋아했습니다
好きじゃなかったです 好きじゃありませんでした	좋아하지 않았습니다
好きな 人	좋아하는 사람

105

1 보기 에 제시된 말을 문장에 맞게 고쳐 넣으세요.

보기
ひまだ　　　大変だ　　　親切だ

① その 人は _____。　그 사람은 친절했습니까?

② 仕事は _____。　일은 힘들었습니다.

③ きのうは _____。　어제는 한가하지 않았습니다.

2 질문에 긍정 또는 부정으로 답해 보세요.

① A　かれは ハンサムでしたか。

　B　はい、 とても _____。

② A　ホテルは きれいでしたか。

　B　いいえ、 あまり _____。

③ A　しんじゅくは にぎやかでしたか。

　B　ええ、 本当に _____。

④ A　図書館は しずかでしたか。

　B　いや、 そんなに _____。

3 그림과 관련된 단어를 고르세요.

① 　② 　③

a. きれいだ　　　a. げんきだ　　　a. じょうずだ

b. きれいじゃない　b. げんきじゃない　b. じょうずじゃない

4 일본어를 잘 듣고 정확한 발음을 히라가나로 쓰고 뜻도 써 보세요. (track 076)

①  ＿＿＿＿＿＿＿＿＿＿

② | | | | | ＿＿＿＿＿＿＿＿＿＿

③ | | | | ＿＿＿＿＿＿＿＿＿＿

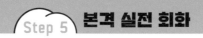

けんと
りょかん
旅館の へやは どうでしたか。

track 077

ジウン
ほんとう
本当に きれいでした。
みな　　　　　　　　　しんせつ
皆さん、とても 親切でしたし。

けんと
ふ　べん
ゆかたは 不便じゃなかったですか。

ジウン
ふ　べん　　　　　　　　　　　らく
不便じゃなかったですよ。楽でした。

けんと
に ほんじん　　　　　　　　　す
日本人も ゆかたは 好きです。
　　　　　く　じ
あ、もう 9時ですね。

ジウン
しらかわごう　　しゅっぱつ
じゃあ、白川郷に 出発！

Words

りょかん
旅館 료칸(전통 여관)　　へや 방　　どうでしたか 어땠어요?　　みな
皆さん 여러분, 모두

とても 매우, 무척　　ゆかた 유카타(일본식 홑옷)　　もう 이미, 벌써　　じゃあ 그럼

しゅっぱつ
出発 출발

켄토　　여관 방은 어땠어요?

지운　　정말 깨끗했어요.

　　　　모두 너무 친절했고요.

켄토　　유카타는 불편하지 않았나요?

지운　　불편하지 않았어요. 편했어요.

켄토　　일본 사람도 유카타는 좋아해요.

　　　　아, 벌써 9시네요.

지운　　자, 시라카와고로 출발!

쑥쑥 Tip

track 078

● 親切^{しんせつ}でしたし 친절했고

「~し」는 '추가・나열'을 의미하는 접속사예요. Day21에서 자세히 배울 테니 여기서는 표현을 그대로 익혀 봅시다.

예) れいぞうこには ハムも あるし チーズも あるし サラダも あります。

냉장고에는 햄도 있고 치즈도 있고 샐러드도 있습니다.

브레드와
おしゃべり

레이와 1년은 2019년!

우리나라는 '서력'이라는 예수 그리스도 탄생을 기원으로 한 날짜 표기법만을 사용하지만, 일본의 경우에는 서력뿐만 아니라 '원호(げんごう・元号 또는 연호 ねんごう・年号라고도 함)'를 사용해요. 쉽게 말해, 조선 시대 세종 ~년과 그 결이 비슷합니다. 근현대 일본의 경우 보통 새 일왕이 즉위할 때 원호가 바뀌고 있습니다.

참고:		
1926년 ~ 1989년	쇼와 (昭和)	
1989년 ~ 2019년	헤이세이 (平成)	
2019년 ~ 현재	레이와 (令和)	

그럼 언제 원호를 사용할까요?

● **자신의 나이를 소개할 때**

일본에서는 나이를 물을 때 원호로 대답하는 일본인들도 많습니다.
'헤이세이(へいせい・平成) 3년생이에요(1991년생).'
가장 기간이 길었던 원호는 63년간(1926~1989년) 사용된 쇼와(しょうわ・昭和)인데, 쇼와에서 헤이세이로 바뀌는 시점을 기준으로 구세대와 신세대를 구별하기도 합니다.

● **각종 문서에 기입할 때**

일본에서 날짜, 생일 등을 적을 때 대부분 서기 혹은 원호 중 선택하여 적을 수 있도록 되어 있습니다. 특히 관공서에서 각종 민원에 필요한 서류에는 날짜를 원호로만 적는 방식이 아직도 많이 남아 있는데, 이 부분이 익숙하지 않은 한국인들은 서기로 작성해도 무방합니다.

우리말을 참고하여 문장을 완성해 보세요.

❶ 試験は _____。

시험은 간단했습니까(쉬웠습니까)?

❷ はい、_____。

네. 간단했어요(쉬웠어요).

❸ 先週は _____。

지난주는 한가했습니까?

❹ いいえ、_____。

아니요, 한가하지 않았어요.

❺ 図書館は _____。

도서관은 조용했습니까?

❻ はい、とても _____。

네, 매우 조용했습니다.

❼ 電車は _____。

전철은 불편하지 않았습니까?

❽ いや、本当に _____。

아니, 정말 편리했습니다.

2주
Day 09

Day 10 _____월_____일

날씨가 좋네요.

오늘은 이형용사에 대해 배워 볼게요.
먼저 기본형, 정중형, 의문형, 부정형, 명사 수식형 등을 익혀 봅시다.

 Step 1 배울 내용 미리 보기

scene 1
덥지 않나요?
너무 더워요

scene 2
바다는 덥지 않아요
시원해요

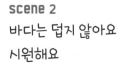

scene 3
재미있는 영상이네요

오늘 배울 주요 표현이에요. 음성을 잘 듣고 소리 내어 따라 해 보세요.

track 079

일본어는 어렵습니까?

日本語は　難しいですか。

네, 한자가 어렵습니다.

はい、漢字が　難しいです。

오늘은 춥지 않습니까?

今日は　寒くないですか。

아니요, 별로 춥지 않습니다.

いや、あまり　寒くないです。

후지산은 높은 산입니까?

富士山は　高い　山ですか。

네, 일본에서 제일 높은 산입니다.

はい、日本で　一番　高い　山です。

Words

日本語 일본어

今日 오늘

富士山 후지산

一番 제일, 가장

難しいです 어렵습니다

寒くないです 춥지 않습니다

高い 높다, 비싸다

漢字 한자

あまり 별로, 그다지

山 산

2주 Day 10

113

주요 문형에 들어가기 전에 い형용사에 대해 알아봅시다.

🌢 기본형 (반말)

맛, 색깔, 온도, 감정 등을 나타내는 표현이 많으며, 기본형이 「〜い」로 끝나는 형용사예요.

辛<small>から</small>い 맵다　　寒<small>さむ</small>い 춥다　　おもしろい 재미있다

🌢 정중형 (존댓말)

어미 「〜い」 뒤에 「〜です」를 붙이면 됩니다.

辛<small>から</small>いです 매워요　　寒<small>さむ</small>いです 추워요　　おもしろいです 재미있어요

🌢 명사 수식형

명사를 꾸밀 때는 기본형 「〜い」 그대로 명사 앞에 붙입니다.

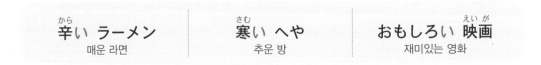

辛<small>から</small>い ラーメン　　寒<small>さむ</small>い へや　　おもしろい 映画<small>えいが</small>
매운 라면　　　　　추운 방　　　　　재미있는 영화

日本語は 難しいですか。

일본어는 어렵습니까?

정중한 긍정형 「〜いです ~입니다」 뒤에 「か」를 붙이면 의문문이 돼요.

新幹線は 速いですか。

신칸센은 빨라요?

この ケーキは おいしいですか。

이 케이크는 맛있어요?

家から 学校まで 遠いですか。

집에서 학교까지 멀어요?

Words

新幹線 신칸센(고속 철도)

速い 빠르다

ケーキ 케이크

おいしい 맛있다

遠い 멀다

はい、漢字が 難しいです。

네, 한자가 어렵습니다.

긍정으로 대답하려면 「はい、〜です」라고 해요.

はい、速いです。

네, 빨라요.

はい、おいしいです。

네, 맛있어요.

はい、遠いです。

네, 멀어요.

(track 083)

いいえ、難しくないです。

아니요, 어렵지 않습니다.

부정으로 대답하려면 「いいえ、～くないです」라고 해요.
조금 격식 차린 표현으로 「～くありません」도 있어요.

いいえ、速くないです。

아니요, 빠르지 않아요.

いいえ、あまり おいしくないです。

아니요, 별로 맛있지 않아요.

いいえ、そんなに 遠くないです。

아니요, 그렇게 멀지 않아요.

Words
そんなに 그렇게

(track 084)

今日は 寒くないですか。

오늘은 춥지 않습니까?

「～くないです」뒤에 「か」를 붙이면 '～지 않습니까?'라는 의미가 돼요.
「いい 좋다」의 부정형은 「よい」를 써야 해요. よくない (○) / いくない (✕)

東京の 天気は よくないですか。

도쿄의 날씨는 좋지 않나요?

とても いいです。

매우 좋아요.

あまり よくないです。

별로 좋지 않아요.

Words
東京 도쿄
天気 날씨

いい 좋다(＝よい)

track 085

富士山は 高い 山ですか。
ふ じ さん   たか   やま

후지산은 높은 산입니까?

い형용사가 뒤에 오는 명사를 수식할 때는 기본형 그대로 써 주면 돼요.

これは 冷たい コーヒーです。
つめ

이것은 차가운 커피예요.

新しい ケータイです。
あたら

새 휴대폰이에요.

ゆうだいさんは やさしい 人です。
ひと

유다이 씨는 상냥한 사람이에요.

Words

冷たい 차갑다
つめ

コーヒー 커피

新しい 새롭다
あたら

ケータイ 휴대폰

やさしい 상냥하다

2주 Day 10

🌢 그 밖에 자주 쓰는 い형용사

track 086

大きい おお	小さい ちい	低い ひく	遅い おそ
크다	작다	낮다	늦다, 느리다
甘い あま	暑い あつ	多い おお	少ない すく
달다	덥다	많다	적다
近い ちか	忙しい いそが	かわいい	悪い わる
가깝다	바쁘다	귀엽다	나쁘다

1 보기 에 제시된 말을 문장에 맞게 고쳐 넣으세요.

<table>
<tr><td>보기</td></tr>
<tr><td>遠^{とお}い   甘^{あま}い   いい (よい)</td></tr>
</table>

① これは ＿＿＿＿＿＿＿＿＿＿＿ ケーキです。 이것은 달지 않은 케이크예요.

② 家^{いえ}から 会社^{かいしゃ}まで ＿＿＿＿＿＿＿＿＿。 집에서 회사까지 멀어요?

③ てんきが あまり ＿＿＿＿＿＿＿＿＿。 날씨가 별로 좋지 않아요.

2 서로 반대되는 의미끼리 연결해 보세요.

① おおきい   ・   ・ **a.** おそい

② はやい   ・   ・ **b.** とおい

③ おおい   ・   ・ **c.** ちいさい

④ ちかい   ・   ・ **d.** さむい

⑤ あつい   ・   ・ **e.** すくない

③ 그림과 관련된 단어를 고르세요.

①

②

③

a. からい

b. あまい

a. たかい

b. かたい

a. やさしい

b. つめたい

④ 일본어를 잘 듣고 정확한 발음을 히라가나로 쓰고 뜻도 써 보세요.

track
087

①

②

③

2주

Day 10

119

けんと　こちらが 有名な 白川郷です。

ジウン　あー、やねが 大きいですね。
おもしろい 家です。

けんと　三角形だから、冬に 雪が 多い 時も
この やねは 大丈夫です。

ジウン　東京も 冬は 雪が 多いですか。

けんと　いいえ、あまり 多くないです。

track 088

Words

やね 지붕

家 집

三角形 삼각형

冬 겨울

雪 눈

多い 많다

時 때

大丈夫だ 괜찮다

켄토　여기가 유명한 시라카와고예요.

지운　아~지붕이 크네요. 재미있는 집이에요.

켄토　삼각형이라서 겨울에 눈이 많이 내릴 때도
　　　이 지붕은 괜찮아요.

지운　도쿄도 겨울은 눈이 많나요?

켄토　아니요, 별로 많지 않아요.

track 089

쏙쏙 Tip

● **계절을 나타내는 표현**
계절과 관련된 다양한 어휘들을 익혀 봅시다.

	あたた 暖かい 따뜻하다	さくら 桜 벚꽃	はなみ 花見 꽃구경	にゅうがくしき 入学式 입학식	しんにゅうしゃいん 新入社員 신입 사원
봄 はる 春	あたた 暖かい 따뜻하다	さくら 桜 벚꽃	はなみ 花見 꽃구경	にゅうがくしき 入学式 입학식	しんにゅうしゃいん 新入社員 신입 사원
여름 なつ 夏	あつ 暑い 덥다	はなびたいかい 花火大会 불꽃 축제	なつやす 夏休み 여름 방학 여름 휴가	つゆ 梅雨 장마	アジサイ 수국(꽃)
가을 あき 秋	すず 涼しい 시원하다	もみじ 단풍	どくしょ 読書 독서	くり 栗 밤(열매)	きく 菊 국화(꽃)
겨울 ふゆ 冬	さむ 寒い 춥다	ゆき 雪だるま 눈사람	ふゆやす 冬休み 겨울 방학 겨울 휴가	おお 大みそか 섣달그믐 (12월 31일)	しょうがつ お正月 정월, 설 (1월 1일)

  브레드와 おしゃべり

시라카와고의 독특한 주택
'갓쇼즈쿠리'

세계 문화유산에 등록된 시라카와 마을은 독특한 외관의 주택이 유명합니다. 경사 각도가 45~60도나 되는 큰 삼각형 지붕이 특징입니다. 왜 그렇게 특이한 지붕이 생겼을까요? 이 곳은 겨울에 눈이 매우 많이 내리는 폭설 지역입니다. 하룻밤에 2m가 넘는 눈이 쌓일 때도 있는데 보통의 가옥이라면 눈의 무게로 집이 무너져 버릴 수도 있습니다. 그래서 눈이 쌓여도 저절로 아래로 흘러 내려 제설 작업을 신속히 진행할 수 있도록 고안되었다고 합니다. 모양이 두 손을 모아 합장(がっしょう)하는 형태라고 하여 갓쇼즈쿠리(がっしょうづくり)라고 불립니다.

이곳은 한겨울 4~5개월 동안 눈이 쌓여 마을이 고립되기 때문에, 겨울 내내 농사를 짓지 못하는 것을 메우기 위해 생업으로 생각해 낸 것이 바로 양잠업입니다.

커다란 지붕 밑에 생긴 2층, 3층 구조의 공간을 누에 치는 방으로 이용하여 양질의 명주실을 만들어 가까운 교토나 오사카에 팔아 화려한 비단 옷을 만드는 원료를 제공하였는데 이것이 바로 시라카와 마을 사람들의 지혜라고 할 수 있습니다.

마을의 주택은 실제로 1,600명의 주민들이 살고 있습니다. 주택의 내부 구조를 직접 보고 싶으면 '갓쇼즈쿠리 민가원'을 찾아 보세요. 25채의 합장 구조 주택 건물을 견학할 수 있도록 공개하고 있습니다.

がっしょうづくり

우리말을 참고하여 문장을 완성해 보세요.

① 家から 学校まで _____。
いえ　　がっこう

집에서 학교까지 멀어요?

② いいえ、_____。

아니요, 가까워요.

③ キムチは _____。

김치는 맵지 않아요?

④ いいえ、あまり _____。

아니요, 별로 맵지 않아요.

⑤ ゆうだいさんは _____。

유다이 씨는 상냥한가요?

⑥ はい、とても _____。

네, 매우 상냥한 사람이에요.

⑦ その ケータイは _____。

그 휴대폰은 비싼가요?

⑧ いいえ、そんなに _____。

아니요, 그렇게 비싸지 않아요.

무겁지 않았어요.

い형용사의 과거형을 익히고, 과거 부정형(~지 않았습니다)과
과거 의문형(~지 않았습니까?)도 함께 배워 봅시다.

 Step 1 배울 내용 미리 보기

scene 1
북극은 추웠나요?
네, 추웠어요

scene 2
산은 높지 않았나요?
아니요, 높지 않았어요

오늘 배울 주요 표현이에요. 음성을 잘 듣고 소리 내어 따라 해 보세요.

track
090

점심은 맛있었습니까?

ランチは おいしかったですか。

네, 너무 맛있었습니다.

はい、とても おいしかったです。

슈퍼는 멀지 않았습니까?

スーパーは 遠_{とお}くなかったですか。

스ーパーは 遠くなかったですか。

아니요, 가까웠습니다.

いいえ、近_{ちか}かったです。

2주

Day 11

Words

おいしかったです 맛있었습니다
遠_{とお}くなかったです 멀지 않았습니다

スーパー 슈퍼마켓
近_{ちか}かったです 가까웠습니다

(track 091)

ランチは おいしかったですか。

점심은 맛있었습니까?

 い형용사의 어미 「～い」를 「～かったです」로 바꾸면 '～았/었습니다'라는 뜻이 돼요.
뒤에 「か」를 붙이면 의문문이 돼요.

きのうは 忙しかったですか。
어제는 바빴어요?

北海道は 寒かったですか。
홋카이도는 추웠어요?

旅行は 楽しかったですか。
여행은 즐거웠어요?

Words
忙しい 바쁘다
北海道 홋카이도
旅行 여행
楽しい 즐겁다

(track 092)

はい、とても おいしかったです。

네, 너무 맛있었습니다.

 긍정은 「はい、～かったです」, 부정은 「いいえ、～くなかったです」로
대답할 수 있어요.

いいえ、忙しくなかったです。
아니요, 바쁘지 않았어요.

ええ、少し 寒かったです。
네, 조금 추웠어요.

はい、楽しかったです。
네, 즐거웠어요.

Words
少し 조금

track 093

スーパーは 遠^{とお}くなかったですか。

슈퍼는 멀지 않았습니까?

「〜くなかったです 〜지 않았습니다」의 뒤에「か」를 붙이면 '〜지 않았습니까?'
하고 묻는 표현이 돼요. 상황에 맞게 긍정과 부정으로 대답할 수 있어요.

試験^{しけん}は 難^{むずか}しくなかったですか。

시험은 어렵지 않았어요?

はい、難^{むずか}しかったです。

네, 어려웠어요.

いいえ、難^{むずか}しくなかったです。

아니요, 어렵지 않았어요.

💧 い형용사 한눈에 정리하기

おいしい	맛있다
おいしいです	맛있습니다
おいしくないです おいしくありません	맛있지 않습니다
おいしかったです	맛있었습니다
おいしくなかったです おいしくありませんでした	맛있지 않았습니다
おいしい りんご	맛있는 사과

1 보기 에 제시된 말을 문장에 맞게 고쳐 넣으세요.

보기

楽しい　　難しい　　忙しい

① テストは ＿＿＿＿＿＿＿＿＿＿＿＿＿。　시험은 어렵지 않았어요.

② きのうは ＿＿＿＿＿＿＿＿＿＿＿＿。　어제는 바빴어요?

③ 旅行は ＿＿＿＿＿＿＿＿＿＿＿＿＿。　여행은 즐거웠어요.

2 질문에 긍정 또는 부정으로 답해 보세요.

① A　ひるごはんは おいしかったですか。

　　B　いいえ、 あまり ＿＿＿＿＿＿＿＿＿＿＿＿＿＿＿＿。

② A　駅は 遠かったですか。

　　B　いいえ、 あまり ＿＿＿＿＿＿＿＿＿＿＿＿＿＿＿＿。

③ A　先週は 忙しかったですか。

　　B　はい、 とても ＿＿＿＿＿＿＿＿＿＿＿＿＿＿＿＿。

④ A　おきなわは 暑かったですか。

　　B　はい、 少し ＿＿＿＿＿＿＿＿＿＿＿＿＿＿＿＿。

③ 그림과 관련된 단어를 고르세요.

①

a. おいしい

b. おいしくない

②

a. さむい

b. さむくない

③

a. はやい

b. はやくない

④ 일본어를 잘 듣고 정확한 발음을 히라가나로 쓰고 뜻도 써 보세요.

track 094

①

②

③

けんと

ジウンさん、おみやげが 多(おお)いですね。

重(おも)くなかったですか。

track 095

ジウン

ええ、そんなに 重(おも)くなかったです。
大阪(おおさか)の カズさんへの おみやげです。

けんと

白川郷(しらかわごう)は よかったですか。

ジウン

けんとさんの おかげで

楽(たの)しかったです。

Words

おみやげ 선물, 기념품

重(おも)い 무겁다

大阪(おおさか) 오사카

～への ～으로의
　　　　 ～에게의

よい 좋다

よかった 좋았다

おかげで 덕분에

켄토 　지운 씨, 선물이 많네요.
　　　무겁지 않았어요?

지운 　네, 그렇게 무겁지 않았어요.
　　　오사카의 카즈 씨에게 줄 선물이에요.

켄토 　시라카와고는 좋았나요?

지운 　켄토 씨 덕분에 즐거웠어요.

 Tip

● **일본의 오미야게 문화**

출장·여행지에서 가까운 지인을 위해 사가는 지역 기념품을 오미야게(おみやげ)라고 해요. 그 밖에도
다른 사람의 집이나 회사를 방문할 때 준비하는 가벼운 선물도 오미야게라고 하죠. 각 지역의 대표적인
오미야게를 한번 살펴볼까요? 이 밖에도 많이 있으니 여러분도 한번 조사해 보세요.

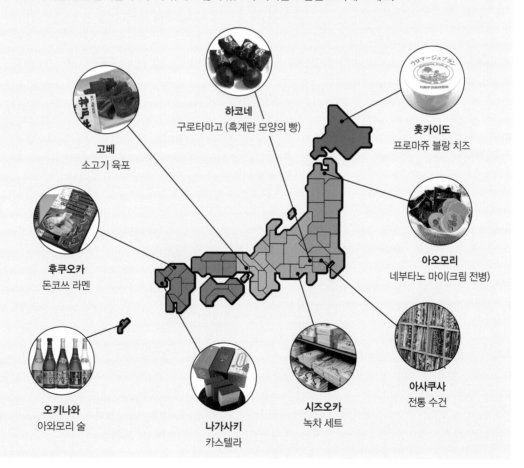

하코네
구로타마고 (흑계란 모양의 빵)

훗카이도
프로마쥬 블랑 치즈

고베
소고기 육포

후쿠오카
돈코쓰 라멘

아오모리
네부타노 마이(크림 전병)

아사쿠사
전통 수건

오키나와
아와모리 술

나가사키
카스텔라

시즈오카
녹차 세트

ゴールデンウィーク

		4月				
1	2	3	4	5	6	7
8	9	10	11	12	13	14
15	16	17	18	19	20	21
22	23	24	25	26	27	28
29	30					

		5月				
		1	2	3	4	5
6	7	8	9	10	11	12
13	14	15	16	17	18	19
20	21	22	23	24	25	26
27	28	29	30	31		

일본 공휴일 우리보다 길다?!

일본의 공휴일은 총 16일로, 15일인 한국과 큰 차이가 없습니다. 하지만 일본은 공휴일이 일요일과 겹칠 경우 예외 없이 다음 날(월요일)이 대체 휴일이 되는 제도가 있습니다. 또한 지정된 공휴일은 아니지만 암묵적으로 쉬는 날로 정착된 오봉(8월 15일 전후)과 연말연시에 긴 휴가를 낼 수 있어 한국보다 휴일이 많다고 볼 수 있어요. 그 외에 큰 차이점은 종교와 관련된 공휴일이 없다는 점이에요.

일본은 크리스마스나 석가탄신일이 공휴일이 아니에요. 기독교나 천주교 혹은 불교 등의 신도가 많은 우리나라와 달리 일본에서는 고유의 토착 종교를 포함한 다신교를 믿는 사람이 많고, 특정 종교와 관련된 행사를 국민 전체에 강요하면 종교의 자유를 부정하게 된다는 정교(政教) 분리 정책이 큰 이유라고 합니다.

우리나라 설날, 추석 연휴와 같이 일본에서도 긴 연휴가 존재하는데 대표적으로 골든 위크, 오봉, 연말연시라는 연휴 기간이 있어요.

먼저, 골든 위크(ゴールデンウィーク)는 보통 4월 29일 ~ 5월 5일이며 7일 가량의 휴일을 말해요. 이 기간에는 4일의 공식적인 휴일(4/29 쇼와의 날, 5/3 헌법기념일, 5/4 녹색의 날, 5/5 어린이날)과 함께 중간에 껴 있는 4월 30일 ~ 5월 2일도 붙여서 쉬는 사람이 많아요.

그 다음, 일본의 추석이라고 불리는 오봉(お盆)은 보통 3일(8월 14일 ~ 16일) 정도 쉬는데 회사마다 방침이 다양해요. 8월 11일이 '산의 날'로 공휴일이기 때문에 이 날과 연결해서 길게 쉬는 회사도 많다고 해요.

마지막으로 연말연시(年末年始). 보통 12월 29일 ~ 1월 3일까지(공무원 기준)의 기간을 말해요. 이 기간에 대다수의 일본인들은 여행을 즐기거나 고향에 돌아가 가족과 새해를 맞이하곤 합니다.

우리말을 참고하여 문장을 완성해 보세요.

① デパートは 人が _____。

백화점은 사람이 많지 않았어요?

② 朝は 人が _____。

아침은 사람이 적었어요.

③ きのうは _____。

어제는 바빴어요?

④ はい、少し _____。

네, 조금 바빴어요.

⑤ かばんは _____。

가방은 무겁지 않았어요?

⑥ あまり _____。

별로 무겁지 않았어요.

⑦ 日本の 旅行は _____。

일본 여행은 즐거웠어요?

⑧ はい、とても _____。

네, 매우 즐거웠어요.

2주

Day 11

133

예쁘고 세련된 카페네요.

い형용사와 な형용사의 연결형을 배우고, 앞뒤가 서로 상반되거나
일치하지 않는 역접의 문장을 만드는 연습을 해 볼게요.

 Step 1 **배울 내용 미리 보기**

scene 1
그는 잘생기고 명랑해요

scene 2
여름은 덥고 습기가 많아요

scene 3
노래는 잘 못하지만 좋아해요

scene 4
맛있지만 비싸요

오늘 배울 주요 표현이에요. 음성을 잘 듣고 소리 내어 따라 해 보세요.

track 096

친구는 성실하고 상냥합니다.

<ruby>友<rt>とも</rt></ruby>だちは　まじめで　やさしいです。

이 식당은 싸고 맛있습니다.

この　<ruby>食堂<rt>しょくどう</rt></ruby>は　<ruby>安<rt>やす</rt></ruby>くて　おいしいです。

노래는 잘 못하지만 좋아합니다.

<ruby>歌<rt>うた</rt></ruby>は　<ruby>上手<rt>じょうず</rt></ruby>じゃないですが　<ruby>好<rt>す</rt></ruby>きです。

바다는 아름답지만 물이 찹니다.

<ruby>海<rt>うみ</rt></ruby>は　<ruby>美<rt>うつく</rt></ruby>しいですが　<ruby>水<rt>みず</rt></ruby>が　<ruby>冷<rt>つめ</rt></ruby>たいです。

2주

Day 12

Words

<ruby>友<rt>とも</rt></ruby>だち 친구　　　　　まじめだ 성실하다　　　　やさしい 상냥하다　　　　<ruby>食堂<rt>しょくどう</rt></ruby> 식당

<ruby>安<rt>やす</rt></ruby>い 싸다　　　　　<ruby>安<rt>やす</rt></ruby>くて 싸고　　　　　<ruby>歌<rt>うた</rt></ruby> 노래　　　　　～が ～지만(역접)

<ruby>海<rt>うみ</rt></ruby> 바다　　　　　<ruby>美<rt>うつく</rt></ruby>しい 아름답다　　　<ruby>水<rt>みず</rt></ruby> 물　　　　　　<ruby>冷<rt>つめ</rt></ruby>たい 차다

(track 097)

友だちは まじめで やさしいです。

친구는 성실하고 상냥합니다.

な형용사는 어미「だ」를 빼고 '어간 + で'를 쓰면 '～고', '～아/어서'라는
의미의 연결·이유를 나타내는 표현이 돼요.

この 町は にぎやかで 楽しいです。

이 마을은 번화해서 즐거워요.

はるひさんは 親切で まじめです。

하루히 씨는 친절하고 성실해요.

彼女は 歌が 上手で 声も きれいです。

그녀는 노래를 잘하고 목소리도 아름다워요.

Words
彼女 그녀
声 목소리

(track 098)

この 食堂は 安くて おいしいです。

이 식당은 싸고 맛있습니다.

い형용사는 어미「い」를 빼고 '어간 + くて'를 쓰면 '～고', '～아/어서'라는
의미의 연결·이유를 나타내는 표현이 돼요.

この おかしは 甘くて おいしいです。

이 과자는 달고 맛있어요.

今日の 風は 冷たくて 強いです。

오늘 바람은 차갑고 세요.

夏は 暑くて 湿気が 多いです。

여름은 덥고 습기가 많아요.

Words

おかし 과자
風 바람
強い 강하다
湿気 습기

(track 099)

うた　じょうず　　　　　　　　　す
歌は 上手じゃないですが 好きです。

노래는 잘 못하지만 좋아합니다.

な형용사 어간에 「～ですが ~입니다만」을 붙이면 앞뒤가 서로 대립되는
문장을 만들 수 있으며 부정형도 연결할 수 있어요.

けしき　　　　　　　　　　　ゆうめい
ここの 景色は すてきですが あまり 有名じゃないです。

여기 경치는 멋지지만 별로 유명하지 않아요.

いなか　べんり
田舎は 便利じゃないですが しずかです。

시골은 편리하지 않지만 조용해요.

りょかん　　　　　　　　　　　　　　ひろ
旅館は きれいじゃないですが 広かったです。

여관은 깨끗하지 않지만 넓었어요.

Words
けしき
景色 경치
いなか
田舎 시골
ひろ
広い 넓다

2주 Day 12

(track 100)

うみ　うつく　　　　　　　みず　つめ
海は 美しいですが 水が 冷たいです。

바다는 아름답지만 물이 찹니다.

い형용사의 기본형에 「～ですが ~입니다만」을 붙이면 앞뒤가 서로 대립되는
문장을 만들 수 있으며 부정형도 연결할 수 있어요.

たか
すしは おいしいですが 高いです。

초밥은 맛있지만 비싸요.

なつ　あつ　　　　　　あき　すず
夏は 暑いですが 秋は 涼しいです。

여름은 덥지만 가을은 선선해요.

ひろ　　　　　　　　　　やす
へやは 広くないですが やちんは 安いです。

방은 넓지 않지만 방세는 싸요.

Words

すし 초밥

やちん 방세, 집세

137

1　보기 에 제시된 말을 문장에 맞게 고쳐 넣으세요.

> 보기
>
> やさしい　　　甘^{あま}い　　　親切^{しんせつ}だ

① 彼女^{かのじょ}は _____ かわいいです。　그녀는 상냥하고 귀여워요.

② キムさんは _____ まじめです。　김 씨는 친절하고 성실해요.

③ ケーキは _____ おいしいです。　케이크는 달고 맛있어요.

2　보기 와 같이 제시된 단어를 넣어 서로 대립되는 문장을 만들어 보세요.

> 보기
>
> 夏^{なつ}　　暑^{あつ}い　　好^すきだ
>
> 夏^{なつ}は 暑^{あつ}いですが、好^すきです。
> 여름은 덥지만 좋아해요.

① あの 店^{みせ}　　高^{たか}い　　おいしい

_____。 저 가게는 비싸지만 맛있어요.

② へや　　安^{やす}くない　　広^{ひろ}い

_____。 방은 싸지 않지만 넓어요.

③ 日本語^{にほんご}　　漢字^{かんじ}が 多^{おお}い　　難^{むずか}しくない

_____。

일본어는 한자가 많지만 어렵지 않아요.

3 그림과 관련된 단어를 고르세요.

①

a. あたたかい

b. あたらしい

②

a. おもい

b. あつい

③

a. つめたい

b. すずしい

④

a. さむい

b. はやい

4 일본어를 잘 듣고 정확한 발음을 히라가나로 쓰고 뜻도 써 보세요.

①

②

③

カズ
この カフェは 日本初の コーヒーで 有名です。

track
102

ジウン
それは すごいですね。
神戸は きれいで おしゃれな 町ですね。

カズ
そうです。ファッション タウン 元町が 有名ですよ。
スイーツも しゅるいが 多くて おいしいです。

ジウン
神戸牛は どうですか。

カズ
おいしい 店が 多いですが ちょっと 高いです。

Words

カフェ 카페	日本初 일본 최초	~で ~(으)로	すごい 굉장하다
神戸 고베	おしゃれだ 멋이 있다, 세련되다	そうです 그렇습니다	ファッション 패션
タウン 타운, 거리	元町 모토마치	スイーツ 스위츠, 단 것(과자)	しゅるい 종류
神戸牛 고베규(소고기)	どうですか 어때요?	ちょっと 좀, 조금	

카즈　　이 카페는 일본 최초의 커피로 유명해요.

지운　　그거 굉장하네요.

　　　　고베는 깨끗하고(예쁘고) 세련된 동네군요.

카즈　　그래요. 패션 거리 모토마치가 유명해요.

　　　　스위츠도 종류가 많고 맛있어요.

지운　　고베규는 어때요?

카즈　　맛있는 가게가 많지만 좀 비싸요.

● 달콤한 과자 스위츠(sweets)

　스위츠(スイーツ)는 주로 케이크나 마카롱, 푸딩, 과자 등 단 것을 가리키는 말로 1990년대 후반부터 일반적으로 사용하게 되었어요. 한국에서 보통 스위츠를 '디저트'라고 번역하는 경우가 있는데, 스위츠는 식사와 무관하게 먹는 단 음식, 단 과자를 말하기 때문에 식후에 먹는 후식이라는 의미의 '디저트'와는 약간 개념이 다릅니다. 원래 '와가시(和菓子)'는 스위츠에 포함되지 않았지만 요즘은 '와가시'라는 말 대신 '와스위츠(和スイーツ)'라고 하는 경우도 있답니다.

브레드와 おしゃべり

일본 여행의 필수 어플

일본을 여행할 때 꼭 필요한 어플!
무엇이 있는지 한번 알아볼까요?

● **Google map 구글맵** ― 설명이 필요 없는 구글 지도 어플입니다. 가고 싶은 장소의 실시간 최단 교통 수단은 물론 막차 정보까지 확인할 수 있습니다.

● **食べログ 다베로그** ― 맛집을 가고 싶은데 어떻게 찾아야 할지 모르시겠다고요? 일본 현지인들이 사용하는 맛집 어플, 다베로그를 사용해 보세요. 맛집 찾기는 물론, 평점 확인 및 예약까지도 모두 가능합니다.

● **Uber eats 우버이츠** ― 여행을 왔는데, 너무 많이 걸어 다녀서 도저히 사 먹으러 나갈 힘조차 없다고요? 걱정하지 마세요! 일본에도 배달 음식 시장이 급속도로 성장하여 고퀄리티의 현지 음식을 방에서 즐길 수 있습니다.

● **Line 라인** ― 일본인 친구를 사귀었는데 라인 어플이 없다?! 우리나라에서 카카오톡을 사용하는 것만큼 일본에서는 라인을 주로 사용하니 미리미리 다운로드 받고 가시길 추천합니다.

● **파파고 or 구글 번역** ― 책으로 일본어를 많이 익히고 간다 해도 가끔씩 막히는 단어들이 나올 거예요. 그럴 때를 대비하여 번역 어플을 깔아 두는 게 좋습니다. 요즘은 일본어로 된 메뉴판을 실시간으로 번역해 주는 기능도 있으니 꼭 이용해 보시길 바랍니다.

우리말을 참고하여 문장을 완성해 보세요.

① あの 人^{ひと}は _____ まじめです。

저 사람은 친절하고 성실합니다.

② ゆうだいさんは _____ おもしろいです。

유다이 씨는 잘생기고 재미있습니다.

③ あの 店^{みせ}は _____ 安^{やす}いです。

저 가게는 깨끗하고 쌉니다.

④ ケーキは _____ おいしいです。

케이크는 달고 맛있습니다.

⑤ 日本語^{にほんご}は 漢字^{かんじ}が _____ 難^{むずか}しいです。

일본어는 한자가 많고 어렵습니다.

⑥ 友^{とも}だちの 家^{いえ}は _____ いいです。

친구 집은 넓고 좋습니다.

⑦ あの レストランは _____ おいしいです。

저 레스토랑은 비싸지만 맛있습니다.

⑧ ピアノは _____ 好^すきです。

피아노는 잘 못 치지만 좋아합니다.

Day 13 ____월 ____일

뭔가 갖고 싶은 거 있어요?

좋아하거나 싫어하는 것, 갖고 싶은 것에 대한 표현을 익히고,
비교와 예정을 말하는 표현도 함께 배워 봅시다.

 Step 1 **배울 내용 미리 보기**

scene 1
농구를 좋아해요

scene 2
콘서트 티켓을 갖고 싶어요

scene 3
휴가는 한 달 예정이에요

scene 4
영어와 일본어 어느 쪽이 어려워요?
둘 다요

오늘 배울 주요 표현이에요. 음성을 잘 듣고 소리 내어 따라 해 보세요.

track 103

💬 아이는 고양이를 좋아합니다.

子どもは 猫が 好きです。

💬 새로운 노트북을 갖고 싶습니다.

新しい ノートパソコンが ほしいです。

💬 오늘부터 출장 예정입니다.

今日から 出張の 予定です。

💬 봄과 가을(과) 어느 쪽을 좋아합니까?

春と 秋と どちらが 好きですか。

2주

Day 13

Words

子ども 아이

新しい 새롭다

ノートパソコン 노트북

ほしい 갖고 싶다. 원하다

出張 출장

予定 예정

~と ~와/과

どちら 어느 쪽

好きだ 좋아하다

猫 고양이

145

track 104

子^こどもは 猫^{ねこ}が 好^すきです。

아이는 고양이를 좋아합니다.

「~が 好^すきです」는 '~을/를 좋아합니다'라는 뜻이에요.
이때 조사는 「が」를 쓴다는 점에 주의하세요.

スポーツは サッカーが 好^すきです。

스포츠는 축구를 좋아해요.

パンより ごはんが 好^すきです。

빵보다 밥을 좋아해요.

私^{わたし}は あの 人^{ひと}が 好^すきです。

저는 저 사람을 좋아해요.

Words
スポーツ 스포츠
サッカー 축구
~より ~보다
ごはん 밥
私^{わたし} 나, 저

track 105

新^{あたら}しい ノートパソコンが ほしいです。

새로운 노트북을 갖고 싶어요.

「~が ほしいです」는 '~을/를 갖고 싶어요'라는 뜻이에요.
이때 조사는 「が」를 쓴다는 점에 주의하세요.

春^{はる}の 服^{ふく}が ほしいです。

봄 옷을 갖고 싶어요.

コンサートの チケットが ほしいです。

콘서트 티켓을 갖고 싶어요.

休暇^{きゅうか}は 1週間^{いっしゅうかん} ほしいです。

휴가는 일주일 원해요(있으면 좋겠어요).

Words
服^{ふく} 옷
コンサート 콘서트
チケット 티켓
休暇^{きゅうか} 휴가
~週間^{しゅうかん} ~주일, ~주간

(track 106)

今日から 出張の 予定です。

오늘부터 출장 예정입니다.

예정을 나타내는 표현이에요. 보통 동사에 접속하는 경우가 많은데
이번 시간에는 명사에 접속하는 「~の 予定」의 표현만 먼저 배울게요.

午後から 会議の 予定です。

오후부터 회의 예정이에요.

夏休みは 1か月の 予定です。

여름 방학은 한 달 예정이에요.

ホテルは 新宿の 予定です。

호텔은 신주쿠(에서 잡을) 예정이에요.

Words
午後 오후
会議 회의
~か月 ~개월
新宿 신주쿠

2주
Day 13

(track 107)

春と 秋と どちらが 好きですか。

봄과 가을(과) 어느 쪽을 좋아합니까?

두 개의 대상을 비교해서 '어느 쪽이 ~입니까?'라고 묻는 표현이에요.
「~と~と/は どちら(どっち)が ~ですか」의 패턴으로 사용해요.

東京と 横浜と どちらが 近いですか。

도쿄와 요코하마(와) 어느 쪽이 가깝습니까?

英語と 日本語は どっちが 難しいですか。

영어와 일본어는 어느 쪽이 어려워요?

空港まで 電車と バスと どっちが 速いですか。

공항까지 전철과 버스(와) 어느 쪽이 빨라요?

Words
横浜 요코하마
英語 영어
空港 공항

147

① 〈보기〉에 제시된 말을 참고하여 빈칸을 채우세요. (중복 사용 가능)

〈보기〉
| が | の | から | より |

① コーヒ _____ お茶 _____ 好きです。 커피보다 차를 좋아해요.

② 新しい スマホ _____ ほしいです。 새 스마트폰을 갖고 싶어요.

③ 明日 _____ 旅行 _____ 予定です。 내일부터 여행 갈 예정이에요.

② A,B 대화를 참고하여 맞는 답을 고르세요.

① A　りんごと バナナと どっちが 好きですか。

　B　バナナより りんごが 好きです。

 a.　 b.

② A　いぬと ねこと どちらが 好きですか。

　B　いぬより ねこが 好きです。

 a.　 b.

3 그림과 관련된 단어를 고르세요.

①

a. コンサート

b. えいが

②

a. しゅっちょう

b. ひっこし

③

a. しごと

b. きゅうか

4 일본어를 잘 듣고 정확한 발음을 히라가나로 쓰고 뜻도 써 보세요.

track 108

①

②

③

track
109

ジウン　今日も 天気が いいですが、
午後の 予定は どうですか。

カズ　午後は 買い物の 予定です。
ジウンさん 何か ほしい ものが ありますか。

ジウン　たこ焼きプレートが ほしいです。

カズ　ハハハッ それは おもしろいですね。
丸いのと 四角いのと どちらが いいですか。

ジウン　どちらでも いいです。
家で たこ焼き パーティーを します。

Words --

買い物 쇼핑, 장보기　　　何か 무엇인가　　　もの ~것　　　たこ焼き 다코야키(문어빵)

プレート 플레이트, 판　　　丸い 둥글다　　　~のと ~것과　　　四角い 네모나다

どちらでも 어느 쪽이라도, 둘 다　　　パーティー 파티　　　します 합니다, 하겠습니다

지운　　오늘도 날씨가 좋은데, 오후 예정(일정)은 어떤가요?

카즈　　오후에는 쇼핑할 예정이에요.

　　　　지운 씨 뭔가 갖고 싶은 게 있어요?

지운　　다코야키 플레이트가 갖고 싶어요.

카즈　　하하하, 그거 재미있네요.

　　　　동그란 것과 네모난 것과 어느 쪽이 좋아요?

지운　　둘 다 좋아요.

　　　　집에서 다코야키 파티를 할 거예요.

2주

Day 13

🌱 **쑥쑥 Tip**

● **다코야키 파티 「タコパー」**

일본의 젊은 층에서는 '다코야키 파티(たこ焼きパーティー)' 또는 '나베 파티(鍋パーティー)'를 즐기는 사람들이 많습니다. '파티'라고 하면 다양한 음식을 차려 놓고 사람을 초대하는 이미지를 떠올리실 텐데요. 일본에서는 간단히 음식을 차려 놓고 친한 사람들끼리 조촐한 모임을 갖는 것을 파티라고 부르기도 합니다. '다코야키 파티'는 줄여서 다코파(タコパー)라고도 한답니다.

브레드와
おしゃべり

관동 VS 관서
지역에 따른 음식 문화

남북으로 길게 뻗은 일본 열도를 크게 나누면 동일본(ひがしにほん, 東日本)과 서일본(にしにほん, 西日本)으로 구분할 수 있습니다. 역사적으로 본다면 일본이라는 나라의 기틀은 서일본 쪽부터 잡혀 갔습니다. 문헌에 따르면 일본의 시초는 규슈(九州)나 나라(奈良)라는 설이 있었고 '천년의 고도'로 알려진 교토(京都)도 서일본에 포함됩니다. 이후 도쿄(東京)에 정치와 군사적 기반을 둔 도쿠가와 무사 정권이 300년 가까이 지속되면서 오늘날 일본의 중심은 동일본 쪽으로 옮겨졌습니다. 이에 따라 도쿄와 오사카(大阪), 두 도시가 동과 서의 일본을 대표하는 도시로 각각 발전하면서 문화적인 차이나 사고방식이 자주 비교되었습니다.

우동과 소바(메밀 국수)라는 국수의 기호 차이를 통해 동과 서가 서로 어떻게 다른지 살펴볼까요?

소바는 나가노현(長野県)이나 도쿄처럼 동일본 쪽 지역이 유명합니다. 이에 비해 우동은 오사카와 다카마츠(高松) 등 서일본이 먼저 떠오릅니다. 소바는 면발이 가늘어 먹는 속도가 빠릅니다. 이는 성격이 급한 도쿄 토박이의 기호에 맞습니다. 한편 굵고 쫄깃쫄깃한 우동의 식감은 여유 있게 행동하고, 긴 안목으로 앞날을 내다보는 오사카 상인들의 스타일과 잘 맞습니다.

국물 맛을 비교해 봐도 도쿄의 소바는 간장 맛이 진하고 조금 짜지만 맛은 확실합니다. 그러나 오사카의 우동 국물은 맛이 약간 싱거운 편입니다. 지역별 기질 차이가 음식에도 나타난 대표적인 예라고 할 수 있죠.

여러분도 이번 기회에 일본 음식 문화에 대해 깊이 탐구해 보고 싶지 않으신가요?

우리말을 참고하여 문장을 완성해 보세요.

1 映画＿＿＿＿＿＿＿＿＿＿＿＿＿＿＿＿＿＿＿＿＿＿。
えい が

영화를 좋아합니다.

2 私は まじめな 人＿＿＿＿＿＿＿＿＿＿＿＿＿＿。
わたし　　　　　　ひと

저는 성실한 사람을 좋아합니다.

3 新しい ケータイ＿＿＿＿＿＿＿＿＿＿＿＿＿。
あたら

새 핸드폰을 갖고 싶습니다.

4 何が 一番 ＿＿＿＿＿＿＿＿＿＿＿＿＿＿＿＿。
なに　　いちばん

무엇을 가장 갖고 싶습니까?

5 日曜日は 母と ＿＿＿＿＿＿＿＿＿＿＿＿＿。
にちよう び　　はは

일요일에는 엄마와 쇼핑(할) 예정입니다.

6 午後は コンビニで ＿＿＿＿＿＿＿＿＿＿＿。
ご ご

오후에는 편의점에서 아르바이트(할) 예정입니다.

7 英語＿＿＿ 日本語＿＿＿＿＿＿＿＿＿＿＿＿＿。
えい ご　　　　に ほん ご

영어와 일본어와 어느 쪽이 재미있습니까?

8 犬＿＿＿ 猫＿＿＿＿＿＿＿＿＿＿＿＿＿＿＿。
いぬ　　　ねこ

개와 고양이와 어느 쪽을 좋아합니까?

2주 Day 13

영화를 볼 예정이에요.

사물의 동작이나 작용을 나타내는 동사에 대해 배워 볼게요.
먼저 동사의 종류와 기본형, 활용 규칙을 익히고 동사 기본형을 사용한 문형도 함께 익혀 봅시다.

Step 1 **배울 내용 미리 보기**

scene 1
일본에 가는 건 내일이에요

scene 2
차를 운전할 수 있어요

scene 3
요리를 할 때가 있어요

scene 4
다이어트를 할 예정이에요

오늘 배울 주요 표현이에요. 음성을 잘 듣고 소리 내어 따라 해 보세요.

track
110

💬 게임을 하는 것은 처음입니다.

ゲームを する のは 初_{はじ}めてです。

💬 일본어를 쓸 수 있습니다.

日_に本_{ほん}語_ごを 書_かく ことが できます。

💬 4월에 눈이 내릴 때가 있습니다.

4月_{しがつ}に 雪_{ゆき}が 降_ふる 時_{とき}が あります。

💬 지금부터 영화를 볼 예정입니다.

今_{いま}から 映_{えい}画_がを 見_みる 予_よ定_{てい}です。

2주

Day 14

Words

ゲーム 게임	~を ~을/를	する 하다	~のは ~것은
初_{はじ}めて 처음	書_かく 쓰다	こと ~것	できます 할 수 있습니다, 가능합니다
降_ふる (비, 눈 등이) 내리다	今_{いま}から 지금(이제)부터	見_みる 보다	

동사는 '1그룹, 2그룹, 3그룹' 총 세 종류가 있어요. 끝 음이 모두 [u] 발음, 즉 う단으로 끝나요.
う, く, ぐ, す, つ, ぬ, ぶ, む, る 총 9개예요.

동사는 종류에 따라 활용 형태가 다르기 때문에 어느 그룹에 속하는지 반드시 알아야 해요.
쉽게 외우려면 3 → 2 → 1그룹 순으로 익혀도 좋아요. 1그룹 동사가 많아서 '3, 2그룹에 해당하지 않
으면 모두 1그룹이다'라고 생각하면 돼요.

1그룹 동사

📍「る」로 끝나지 않는 동사는 무조건 1그룹!

> う, く, ぐ, す, つ, ぬ, ぶ, む 로 끝나는 동사

예) 会う 만나다   書く 쓰다

📍「る」로 끝나면서 바로 앞에 [a] [u] [o] 발음이 오는 동사

> あ단 / う단 / お단 + る

예) ある 있다   作る 만들다

2그룹 동사

📍「る」로 끝나면서 바로 앞에 [i] [e] 발음이 오는 동사

> い단 / え단 + る

예) 見る 보다   食べる 먹다

3그룹 동사

📍 딱 두 개 뿐이에요.

> する / くる

する 하다   来る 오다

예외 1그룹 동사

📍 형태는 2그룹이지만 1그룹으로 분류되는 동사가 있어요. 몇 개 안 되니 나올 때마다 바로 암기해 두는 게
좋아요.

예) 入る 들어가다, 들어오다   走る 달리다   帰る 돌아가다, 돌아오다
知る 알다   切る 자르다

히라가나	あ단	い단	う단	え단	お단
あ행	あ [a]	い [i]	う [u]	え [e]	お [o]
か행	か [ka]	き [ki]	く [ku]	け [ke]	こ [ko]
さ행	さ [sa]	し [shi]	す [su]	せ [se]	そ [so]
た행	た [ta]	ち [chi]	つ [tsu]	て [te]	と [to]
な행	な [na]	に [ni]	ぬ [nu]	ね [ne]	の [no]
は행	は [ha]	ひ [hi]	ふ [fu]	へ [he]	ほ [ho]
ま행	ま [ma]	み [mi]	む [mu]	め [me]	も [mo]
や행	や [ya]		ゆ [yu]		よ [yo]
ら행	ら [ra]	り [ri]	る [ru]	れ [re]	ろ [ro]
わ행	わ [wa]				を [o]
	ん [n]				

2주
Day 14

필수 동사

track
III

종류	기본형(반말)
1그룹 1G	会う 만나다
	行く 가다
	泳ぐ 헤엄치다
	話す 이야기하다
	待つ 기다리다
	死ぬ 죽다
	遊ぶ 놀다
	飲む 마시다
	ある 있다(사물, 식물)
	帰る 돌아가(오)다

종류	기본형(반말)
2그룹 2G	見る 보다
	起きる 일어나다
	食べる 먹다
	寝る 자다

종류	기본형(반말)
3그룹 3G	する 하다
	来る 오다

 그 밖에 다양한 동사 표현은 PLUS단어장(2주차)에서 확인하세요.

157

(track 112)

ゲームを する のは 初_{はじ}めてです。

게임을 하는 것은 처음입니다.

명사를 수식할 때는 '동사 기본형 + 명사'의 형태로 써요.
「の」는 '〜의', '〜의 것'이라는 뜻이 있어요.

旅行_{りょこう}に 行_いく のは 明日_{あした}です。
여행을 가는 것은 내일이에요.

今_{いま}から 食_たべる のは 昼_{ひる}ごはんです。
지금부터 먹는 것은 점심이에요.

あそこに 見_みえる のが 富士山_{ふじさん}です。
저기에 보이는 것이 후지산이에요.

Words

行_いく 가다(1G)

明日_{あした} 내일

食_たべる 먹다(2G)

昼_{ひる}ごはん 점심밥

見_みえる 보이다(2G)

富士山_{ふじさん} 후지산

(track 113)

日本語_{にほんご}を 書_かく ことが できます。

일본어를 쓸 수 있습니다.

'동사 기본형 + ことが できます'는 '〜(하)는 것이 가능합니다, 〜(할) 수가 있습니다'
라는 뜻이에요.

これは コンビニで 買_かう ことが できます。
이것은 편의점에서 살 수 있어요.

１人_{ひとり}で 着物_{きもの}を 着_きる ことが できます。
혼자서 기모노를 입을 수 있어요.

金曜日_{きんようび}まで 休_{やす}む ことが できます。
금요일까지 쉴 수 있어요.

Words

買_かう 사다(1G)

１人_{ひとり}で 혼자서

着物_{きもの} 기모노
(일본 전통 옷)

着_きる 입다(2G)

休_{やす}む 쉬다(1G)

(track 114)

4月に 雪が 降る 時が あります。
し がつ　　ゆき　　ふ　　　とき

4월에 눈이 내릴 때가 있습니다.

'동사 기본형 + 時が あります'는 '〜일 때가 있습니다'라는 뜻이에요.

仕事で 東京に 行く 時が あります。
し ごと　　とうきょう　　い　　　とき

일로 도쿄에 갈 때가 있어요.

家で 音楽を 聞く 時が あります。
いえ　　おんがく　　き　　　とき

집에서 음악을 들을 때가 있어요.

日本語の 本を 読む 時が あります。
に ほん ご　　ほん　　よ　　　とき

일본어 책을 읽을 때가 있어요.

Words
仕事 일, 업무
음악 音楽
聞く 듣다, 묻다(1G)
本 책
読む 읽다(1G)

(track 115)

今から 映画を 見る 予定です。
いま　　えい が　　み　　　よ てい

지금부터 영화를 볼 예정입니다.

'동사 기본형 + 予定'는 '〜할 예정'이라는 뜻이에요. '〜을/를 타다'라고
할 때는 「〜に 乗る」로 조사 「に」를 사용한다는 점에 주의하세요.

高速バスに 乗る 予定です。
こうそく　　の　　　よ てい

고속버스를 탈 예정이에요.

公園で 写真を とる 予定です。
こうえん　　しゃしん　　よ てい

공원에서 사진을 찍을 예정이에요.

9時まで 勉強する 予定です。
く じ　　べんきょう　　よ てい

9시까지 공부할 예정이에요.

Words
高速バス 고속버스
乗る 타다(1G)
公園 공원
写真 사진
とる 찍다(1G)

❶ 보기 에 제시된 말을 참고하여 빈칸을 채우세요.

┌─────────────── 보기 ───────────────┐
　　　　のは　　　　ことが　　　時が　　　予定
└──────────────────────────────────┘

① 漢字を 書く ＿＿＿＿＿＿ できます。 한자를 쓸 수 있어요.

② アメリカに 行く ＿＿＿＿＿＿ 初めてです。 미국에 가는 것은 처음이에요.

③ 友だちと 映画を 見る ＿＿＿＿＿＿ です。 친구와 영화를 볼 예정이에요.

④ ワインを 飲む ＿＿＿＿＿＿ あります。 와인을 마실 때가 있어요.

❷ 제시된 동사의 발음을 히라가나로 적고 그 뜻과 몇 그룹에 속하는지 적어 보세요.

	동사	뜻	그룹
보기 会う	あう	만나다	1
① 見る			
② 待つ			
③ 寝る			
④ 来る			
⑤ 話す			

3 그림과 관련된 단어를 고르세요.

①
②
③

a. おきる	**a.** のむ	**a.** はいる
b. あそぶ	**b.** よむ	**b.** はしる

4 일본어를 잘 듣고 정확한 발음을 히라가나로 쓰고 뜻도 써 보세요.

track 116

①

②

③

track 117

ジウン

めがねばしに 行く のは 路面電車ですか。

あゆみ

はい、この 電車で いろいろ

見る ことが できますよ。

ジウン

料金は いくらですか。

あゆみ

１４０円です。

1日 何回も 乗る 時は

フリーきっぷも あります。

ジウン

中国料理を 食べる のは どこが

いいですか。

あゆみ

「新地中華街」駅で 下りる のが

いいです。

Words

めがねばし 메가네바시

路面電車 노면 전차

いろいろ 여러 가지

料金 요금

いくら 얼마

円 엔(화폐)

何回も 몇 번이나

フリーきっぷ 프리 티켓

中国料理 중국 요리

新地中華街 신치주카가이

駅 역

下りる 내리다

지운   메가네바시에 가는 것은 노면 전차예요?

아유미   네, 이 전차로 여러 가지 볼 수가 있어요.

지운   요금은 얼마예요?

아유미   140엔이에요.

        하루에 몇 번씩 탈 때는 프리 티켓도 있어요.

지운   중국 요리를 먹는 것은 어디가 좋아요?

아유미   '신치주카가이'역에서 내리는 게 좋아요.

쑥쑥 Tip

track 118

● **큰 수 익히기** – 가격을 말할 때 필요하니 꼭 익혀 두세요.

10	100	1,000	10,000
じゅう	ひゃく	せん	いちまん
20	200	2,000	20,000
にじゅう	にひゃく	にせん	にまん
30	300	3,000	30,000
さんじゅう	さんびゃく	さんぜん	さんまん
40	400	4,000	40,000
よんじゅう	よんひゃく	よんせん	よんまん
50	500	5,000	50,000
ごじゅう	ごひゃく	ごせん	ごまん
60	600	6,000	60,000
ろくじゅう	ろっぴゃく	ろくせん	ろくまん
70	700	7,000	70,000
ななじゅう	ななひゃく	ななせん	ななまん
80	800	8,000	80,000
はちじゅう	はっぴゃく	はっせん	はちまん
90	900	9,000	90,000
きゅうじゅう	きゅうひゃく	きゅうせん	きゅうまん
			100,000
			じゅうまん

2주

Day 14

브레드와 おしゃべり

한국과 일본의
쓰레기 분리수거 차이

한국과 마찬가지로 일본에서도 쓰레기를 버릴 때 반드시 분리해서 배출해야 합니다. 이렇게 분리해서 버리는 것을 일본어로 「ごみ分別(ぶんべつ)」라고 합니다. 분리하는 기준이 한국과 조금 다른데요, 일본에서 분리수거를 하는 기준은 크게 네 가지로 나뉘며 쓰레기를 버리는 날도 각각 다릅니다.

● 燃(も)えるごみ – 타는 쓰레기

말 그대로 연소 가능한 쓰레기입니다. 휴지, 음식물 쓰레기, 음식 포장지 등 대부분의 쓰레기가 여기에 속하고 보통 일주일에 두 번 수거합니다.

● 燃(も)えないごみ – 타지 않는 쓰레기

연소 불가능한 쓰레기입니다. 유리, 건전지, 도자기, 작은 가전제품 등이 포함됩니다.

● 資源(しげん)ごみ – 재활용 쓰레기

재활용이 가능한 쓰레기입니다. 캔, 병, 종이, 페트병 등이 포함됩니다.

● 粗大(そだい)ごみ – 대형 쓰레기

대형 쓰레기의 경우 보통 30cm가 넘는 쓰레기를 뜻합니다. 미리 예약이 필요하며 배출 시 추가 비용이 발생합니다. 해당 관할 부서에 전화하여 상담한 후 견적을 받고 근처 편의점에서 견적에 맞는 스티커를 부착한 후, 정해진 날짜에 배출하면 됩니다. 다른 쓰레기와 별도의 배출 장소를 지정 받는 경우도 있으니 미리 확인하는 것이 좋습니다.

우리말을 참고하여 문장을 완성해 보세요.

① <ruby>自転車<rt>じ てんしゃ</rt></ruby>で ＿＿＿＿＿＿＿＿＿＿ あぶないです。

자전거로 가는 것은 위험합니다.

② みんなと ＿＿＿＿＿＿＿＿＿＿ おもしろいです。

모두와 노는 것은 재미있습니다.

③ この きっぷで <ruby>電車<rt>でんしゃ</rt></ruby>＿＿＿＿＿＿＿＿＿＿＿＿。

이 표로 전철을 탈 수가 있습니다(타는 것이 가능합니다).

④ <ruby>海<rt>うみ</rt></ruby>で ＿＿＿＿＿＿＿＿＿＿＿＿＿＿＿＿。

바다에서 헤엄칠 수 있습니다(헤엄치는 것이 가능합니다).

⑤ <ruby>本<rt>ほん</rt></ruby>を ＿＿＿＿＿＿＿＿ <ruby>図書館<rt>と しょかん</rt></ruby>に ＿＿＿＿＿＿＿＿。

책을 읽을 때는 도서관에 간다.

⑥ ごはんを ＿＿＿＿＿＿＿＿ テレビを ＿＿＿＿＿＿＿＿。

밥을 먹을 때는 텔레비전을 본다.

⑦ <ruby>明日<rt>あ した</rt></ruby>は アルバイトを ＿＿＿＿＿＿＿＿＿＿＿＿＿＿。

내일은 아르바이트를 할 예정입니다.

⑧ <ruby>日曜日<rt>にちよう び</rt></ruby>は <ruby>友<rt>とも</rt></ruby>だちと ＿＿＿＿＿＿＿＿＿＿＿＿＿＿。

일요일은 친구와 만날 예정입니다.

Week
3

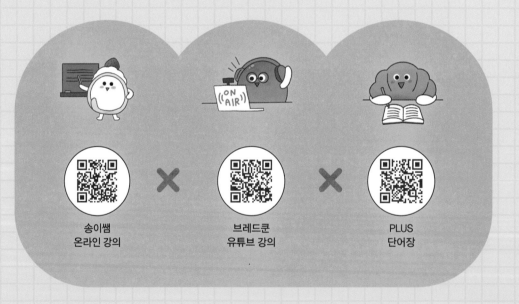

송이쌤
온라인 강의
× 브레드쿤
유튜브 강의
× PLUS
단어장

Weekly Plan

	Can do	학습 List	Check
Day 15	✹ 동사 정중형(ます형) ✹ 의문형, 부정형	～ます ～ㅂ/습니다 ～ますか ～ㅂ/습니까? ～ません ～지 않습니다 ～ませんか ～지 않습니까?	○ ○ ○ ○
Day 16	✹ 동사 과거형, 부정형, 의문형, 부정 의문형	～ました ～았/었습니다 ～ましたか ～았/었습니까? ～ませんでした ～지 않았습니다 ～ませんでしたか ～지 않았습니까?	○ ○ ○ ○
Day 17	✹ 청유, 희망 ✹ ～하러 가다/ 오다(목적)	～ましょう ～합시다 ～たいです ～하고 싶습니다 ～に 来ます ～하러 옵니다 ～に 行きます ～하러 갑니다	○ ○ ○ ○
Day 18	✹ 동사 て형 ✹ 부탁, 지시, 진행, 습관	～て ～(하)고, ～(해)서 ～ください ～해 주세요, ～하세요 ～て います ～고 있습니다	○ ○ ○
Day 19	✹ 허가, 금지 ✹ 동시 동작	～ても いいですか ～해도 됩니까? ～ても いいです ～해도 됩니다 ～ないで ください ～하지 마세요 ～ては いけません ～해서는 안 됩니다 ます형 + ながら ～하면서	○ ○ ○ ○ ○
Day 20	✹ 동사 た형 ✹ 경험 ✹ ～하기 쉽다, ～하기 어렵다	～た ことが あります ～한 적이 있습니다 ～た ことが ありますか ～한 적이 있습니까? ～た ことが ありません ～한 적이 없습니다 ます형 + やすいです ～하기 쉽습니다 ます형 + にくいです ～하기 어렵습니다	○ ○ ○ ○ ○
Day 21	✹ 행동이나 상태 열거	～たり ～たり します ～하거나 ～하거나 합니다 ～し、～し ～고, ～고	○ ○

음성 듣기

Day 15 _____월_____일

식사를 하지 않을래요?

동사의 기본형(반말)을 정중형(존댓말)으로 바꾸는 연습을 해 봅시다.
정중형을 잘 익혀 두면 의문형과 부정형을 쉽게 만들 수 있어요.

 Step 1 **배울 내용 미리 보기**

scene 1
저녁에 누구와 만나요?
남자 친구 만나요!

scene 2
밤에는 먹지 않나요?
네, 밤에는 먹지 않아요

168

오늘 배울 주요 표현이에요. 음성을 잘 듣고 소리 내어 따라 해 보세요.

track
119

내일은 어디에 갑니까?

明日は どこに 行きますか。
あした　　　　　　　い

아침 8시에 옵니다.

朝 8時に 来ます。
あさ　はちじ　　　き

단 것은 먹지 않습니다.

甘い ものは 食べません。
あま　　　　　た

숟가락은 쓰지 않습니까?

スプーンは 使いませんか。
　　　　　つか

3주

Day 15

Words

どこに 어디에

行きますか 갑니까?
い

来ます 옵니다
き

甘い 달다
あま

もの ~것

食べません 먹지 않습니다
た

スプーン 숟가락, 스푼

使いませんか 쓰지 않습니까?
つか

169

동사 기본형은 '먹다, 보다, 하다'처럼 반말체예요. 존댓말로 만들려면 '~입니다, ~에요'에 해당하는 「ます」를 붙여 주면 되는데, 그룹별로 활용 형태가 다릅니다.

track 120

종류	기본형(반말)		ます형(존댓말)
1그룹 1G	<ruby>会<rt>あ</rt></ruby>う 만나다	う → い	<ruby>会<rt>あ</rt></ruby>います 만납니다
	<ruby>行<rt>い</rt></ruby>く 가다	く → き	<ruby>行<rt>い</rt></ruby>きます 갑니다
	<ruby>泳<rt>およ</rt></ruby>ぐ 헤엄치다	ぐ → ぎ	<ruby>泳<rt>およ</rt></ruby>ぎます 헤엄칩니다
	<ruby>話<rt>はな</rt></ruby>す 이야기하다	す → し	<ruby>話<rt>はな</rt></ruby>します 이야기합니다
	<ruby>待<rt>ま</rt></ruby>つ 기다리다	つ → ち	<ruby>待<rt>ま</rt></ruby>ちます 기다립니다
	<ruby>死<rt>し</rt></ruby>ぬ 죽다	ぬ → に	<ruby>死<rt>し</rt></ruby>にます 죽습니다
	<ruby>遊<rt>あそ</rt></ruby>ぶ 놀다	ぶ → び	<ruby>遊<rt>あそ</rt></ruby>びます 놉니다
	<ruby>飲<rt>の</rt></ruby>む 마시다	む → み	<ruby>飲<rt>の</rt></ruby>みます 마십니다
	ある 있다(사물, 식물)	る → り	あります 있습니다
	<ruby>帰<rt>かえ</rt></ruby>る 돌아가(오)다	る → り	<ruby>帰<rt>かえ</rt></ruby>ります 돌아갑(옵)니다
2그룹 2G	<ruby>見<rt>み</rt></ruby>る 보다		<ruby>見<rt>み</rt></ruby>ます 봅니다
	<ruby>起<rt>お</rt></ruby>きる 일어나다		<ruby>起<rt>お</rt></ruby>きます 일어납니다
	<ruby>食<rt>た</rt></ruby>べる 먹다		<ruby>食<rt>た</rt></ruby>べます 먹습니다
	<ruby>寝<rt>ね</rt></ruby>る 자다		<ruby>寝<rt>ね</rt></ruby>ます 잡니다
3그룹 3G	する 하다		します 합니다
	<ruby>来<rt>く</rt></ruby>る 오다		<ruby>来<rt>き</rt></ruby>ます 옵니다

1그룹 가운데 칸: [う단 → い단] + ます

2그룹 가운데 칸: る + ます

3그룹 가운데 칸: 2개뿐이고 불규칙하니 그냥 암기!

이번에는 의문형과 부정형을 만드는 연습을 해 봅시다. 의문형은 「ます」 대신 「ますか」, 부정형은 「ません」을 붙이면 됩니다.

track
121

종류	의문형(ますか)	부정형(ません)
1그룹 **1G**	<ruby>会<rt>あ</rt></ruby>いますか 만납니까?	<ruby>会<rt>あ</rt></ruby>いません 만나지 않습니다
	<ruby>行<rt>い</rt></ruby>きますか 갑니까?	<ruby>行<rt>い</rt></ruby>きません 가지 않습니다
	<ruby>泳<rt>およ</rt></ruby>ぎますか 헤엄칩니까?	<ruby>泳<rt>およ</rt></ruby>ぎません 헤엄치지 않습니다
	<ruby>話<rt>はな</rt></ruby>しますか 이야기합니까?	<ruby>話<rt>はな</rt></ruby>しません 이야기하지 않습니다
	<ruby>待<rt>ま</rt></ruby>ちますか 기다립니까?	<ruby>待<rt>ま</rt></ruby>ちません 기다리지 않습니다
	<ruby>死<rt>し</rt></ruby>にますか 죽습니까?	<ruby>死<rt>し</rt></ruby>にません 죽지 않습니다
	<ruby>遊<rt>あそ</rt></ruby>びますか 놉니까?	<ruby>遊<rt>あそ</rt></ruby>びません 놀지 않습니다
	<ruby>飲<rt>の</rt></ruby>みますか 마십니까?	<ruby>飲<rt>の</rt></ruby>みません 마시지 않습니다
	ありますか 있습니까?	ありません 없습니다
	<ruby>帰<rt>かえ</rt></ruby>りますか 돌아갑(옵)니까?	<ruby>帰<rt>かえ</rt></ruby>りません 돌아가(오)지 않습니다
2그룹 **2G**	<ruby>見<rt>み</rt></ruby>ますか 봅니까?	<ruby>見<rt>み</rt></ruby>ません 보지 않습니다
	<ruby>起<rt>お</rt></ruby>きますか 일어납니까?	<ruby>起<rt>お</rt></ruby>きません 일어나지 않습니다
	<ruby>食<rt>た</rt></ruby>べますか 먹습니까?	<ruby>食<rt>た</rt></ruby>べません 먹지 않습니다
	<ruby>寝<rt>ね</rt></ruby>ますか 잡니까?	<ruby>寝<rt>ね</rt></ruby>ません 자지 않습니다
3그룹 **3G**	しますか 합니까?	しません 하지 않습니다
	<ruby>来<rt>き</rt></ruby>ますか 옵니까?	<ruby>来<rt>き</rt></ruby>ません 오지 않습니다

track 122

明日は どこに 行きますか。
あした　　　　　　　　　　い

내일은 어디에 갑니까?

정중형을 나타내는「ます」뒤에「か」를 붙이면 의문문이 돼요. 첫 번째 예문의
'～와 만나다'는 조사「と」를 쓰지만 '～을/를 만나다'라고 할 때는「～に 会う」를 써요.

今日 岡本さんと 会いますか。
きょう　おかもと　　　　あ

오늘 오카모토 씨와 만나나요?

毎日 何時に 起きますか。
まいにち　なんじ　　お

매일 몇 시에 일어나요?

図書館で 勉強しますか。
としょかん　　べんきょう

도서관에서 공부하나요?

Words

毎日 매일
まいにち

起きる 일어나다(2G)
お

図書館 도서관
としょかん

track 123

朝 8時に 来ます。
あさ　はちじ　　き

아침 8시에 옵니다.

동사 ます형으로 대답해 봅시다.

はい、渋谷で 会います。
しぶや　　あ

네, 시부야에서 만나요.

毎日 7時に 起きます。
まいにち　しちじ　　お

매일 7시에 일어나요.

いいえ、家で 勉強します。
いえ　べんきょう

아니요, 집에서 공부해요.

Words

渋谷 시부야
しぶや

track 124

甘い ものは 食べません。

단 것은 먹지 않습니다.

동사의 부정형은 간단해요. 정중형「ます」대신「ません」으로 바꾸면 돼요.

土曜日は 会社に 行きません。

토요일은 회사에 가지 않아요.

夜は おかしを 食べません。

밤에는 과자를 먹지 않아요.

デパートでは 買い物を しません。

백화점에서는 쇼핑을 하지 않아요.

Words

夜 밤

おかし 과자

買い物 쇼핑, 장보기

track 125

スプーンは 使いませんか。

숟가락은 쓰지 않습니까?

부정형으로 물을 때는「ませんか」를 쓰면 돼요.
'〜하지 않겠습니까?'하고 상대방에게 권유할 때도 써요.

お酒は あまり 飲みませんか。

술은 별로 마시지 않나요?

後 5分 待ちませんか。

앞으로 5분 (더) 기다리지 않을래요?

ちょっと 公園を 散歩しませんか。

잠깐 공원을 산책하지 않을래요?

Words

お酒 술

後 뒤, 앞으로

待つ 기다리다(1G)

ちょっと 좀, 잠깐

公園 공원

散歩 산책

3주 Day 15

173

1　보기 에 제시된 말을 문장에 맞게 고쳐 넣으세요.

보기

会う　　行く　　する

① 今日 友だちに ＿＿＿＿＿＿＿＿＿＿。 오늘 친구를 만납니까?

② いっしょに 散歩 ＿＿＿＿＿＿＿＿＿＿。 같이 산책하지 않을래요?

③ 田中さん、どこに ＿＿＿＿＿＿＿＿＿＿。 다나카 씨, 어디에 가세요?

2　동사의 활용 표현을 히라가나로 적어 보세요.

뜻	기본형(반말)	정중형(존댓말)	부정형
① 이야기하다		はなします	
② 놀다	あそぶ		
③ 먹다			たべません
④ 자다		ねます	
⑤ 하다	する		

3 제시된 동사를 정중한 긍정형 또는 부정형으로 고쳐 문장을 만들어 보세요.

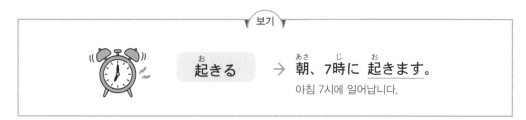

보기

起_おきる → 朝_{あさ}、7時_じに 起_おきます。

아침 7시에 일어납니다.

① 飲_のむ → コーヒーは ＿＿＿＿＿＿＿＿＿＿＿＿。

커피는 마시지 않습니다.

② 泳_{およ}ぐ → 海_{うみ}で ＿＿＿＿＿＿＿＿＿＿＿＿。

바다에서 수영합니다.

③ 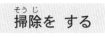 掃除_{そうじ}を する → 休_{やす}みの 日_ひは ＿＿＿＿＿＿＿＿＿＿。

쉬는 날은 청소를 하지 않습니다.

4 일본어를 잘 듣고 정확한 발음을 히라가나로 쓰고 뜻도 써 보세요.

track 126

① ☐ ☐ ☐ ☐ ＿＿＿＿＿＿＿

② ☐ ☐ ☐ ☐ ＿＿＿＿＿＿＿

③ ☐ ☐ ☐ ＿＿＿＿＿＿＿

3주 Day 15

track 127

ジウン

あゆみさん、今日は 中華街で
食事を しませんか。

あゆみ

いいですね。
長崎チャンポンが おいしいですよ。
ここから 電車で 10分ぐらい かかります。

ジウン

長崎の 人は 毎日 チャンポンを 食べますか。

あゆみ

フフッ、毎日は 食べません。
ジウンさんは キムチを 毎日 食べますか。

ジウン

ええ、もちろん。

あゆみ

それは 日本と 違いますね。

Words

中華街 중화 거리, 차이나타운　　　**食事** 식사　　　**長崎チャンポン** 나가사키 짬뽕

ここから 여기서　　　**電車で** 전철로(수단)　　　かかる 걸리다(1G)

キムチ 김치　　　もちろん 물론　　　**違う** 다르다(1G)

지운　아유미 씨, 오늘은 차이나타운에서 식사를 하지 않을래요?

아유미　좋아요. 나가사키 짬뽕이 맛있어요.

　　　여기서 전철로 10분 정도 걸려요.

지운　나가사키 사람들은 매일 짬뽕을 먹나요?

아유미　후훗, 매일은 안 먹어요.

　　　지운 씨는 김치를 매일 먹어요?

지운　네, 물론이죠.

아유미　그건 일본이랑 다르네요.

쑥쑥 Tip

track 128

● **〜ませんか** vs **〜ましょうか**

「〜ませんか」는 단순한 부정 의문 외에도 상대에게 권유할 때도 쓰는데, 이와 유사한 표현으로 「〜ましょうか」가 있어요. 「〜ましょう 〜합시다」 끝에 「か」를 붙인 표현으로 '〜할까요?' 하고 상대에게 어떤 행동을 같이 할 것을 요청하는 '청유'의 뉘앙스가 있어요. 자세한 내용은 Day17에서 배울게요.

예) そろそろ 帰りましょうか。 슬슬 돌아갈까요?

　　クリスマスの ケーキを 買いましょうか。 크리스마스 케이크를 살까요?

　　晩ごはんは いっしょに 食べましょうか。 저녁밥은 같이 먹을까요?

브레드와
おしゃべり

나가사키 대표 먹거리
'카스텔라와 짬뽕'

자전거의 왕국 일본, 하지만 '나가사키에는 자전거가 많이 없을뿐더러 탈 수 있는 사람도 얼마 없다'라는 이야기가 있을 정도로 나가사키에는 자전거를 이용하는 사람이 적은 편입니다. 그 이유는 대부분의 집들이 산중턱에 위치하고 있기 때문에 자전거를 타고 돌아다니기에는 적합하지 않은 지형이기 때문입니다. 우리나라의 부산과 비슷하다고 보시면 될 것 같습니다.

나가사키는 일본의 대표적인 항구 도시로서, 예로부터 동서양을 막론하고 무역 거래가 활발하여 나가사키만의 독특한 식문화가 발달하였는데요, 그 대표적인 먹거리로 '카스텔라'가 있습니다. 카스텔라는 포르투갈 상인들이 들고 온 스페인 빵이 현지화되어 만들어졌다고 해요. 그리고 일본에 사는 중국인, 즉 중국 화교가 일본에 있는 중국 유학생들을 위해 고안했다는 '나가사키 짬뽕'도 대표적인 음식 중 하나이죠.

나가사키 카스텔라는 자라메(ざらめ)라고 불리는 설탕이 빵의 밑면에 붙어 있는 게 특징이에요. 저 역시 처음에는 '카스텔라 맛이 뭐, 거기서 거기겠지' 하고 먹었다가 나가사키만의 카스텔라 맛에 빠져들어 나가사키를 갈 때마다 사 먹게 되었어요.

여러분도 독특한 나가사키 카스텔라를 맛보고 싶으시다면, 현지인들에게도 잘 알려진 '후쿠사야(福砂屋)'와 같은 가게를 한번 들러 보시길 추천합니다.

우리말을 참고하여 문장을 완성해 보세요.

① パンは コンビニで _____。

빵은 편의점에서 삽니까?

② 朝^{あさ}は 何時^{なんじ}に _____。

아침은 몇 시에 일어납니까?

③ 毎日^{まいにち} 公園^{こうえん}を _____。

매일 공원을 산책합니다.

④ 英語^{えいご}の 本^{ほん}を _____。

영어 책을 읽습니다.

⑤ 土曜日^{どようび}は 学生^{がくせい}が _____。

토요일은 학생이 오지 않습니다.

⑥ 朝^{あさ}は 食事^{しょくじ}を _____。

아침은 식사를 하지 않습니다.

⑦ カフェで コーヒーを _____。

카페에서 커피를 마시지 않겠습니까?

⑧ いっしょに 映画^{えいが}を _____。

함께 영화를 보지 않겠습니까?

Day 16 　　　　월　　　　일

비행기로 얼마나 걸렸어요?

동사의 과거형을 익히고, 과거 부정형과 의문형도 함께 배워 봅시다.

Step 1 배울 내용 미리 보기

scene 1
주말에는 뭐 했어요?
낚시를 했어요

scene 2
어제 영화 보지 않았어요?
네, 봤어요~

scene 3
체리 씨와 보지 않았어요?
아뇨… 보지 않았어요…

오늘 배울 주요 표현이에요. 음성을 잘 듣고 소리 내어 따라 해 보세요.

track 129

어제는 집에 있었습니까?

昨日は 家に いましたか。

역에서 1시간 기다렸습니다.

駅で 1時間 待ちました。

유리코 씨를 만나지 않았습니까?

ゆりこさんに 会いませんでしたか。

아침밥은 먹지 않았습니다.

朝ごはんは 食べませんでした。

3주
Day 16

Words

いましたか 있었습니까?

待ちました 기다렸습니다

会いませんでしたか 만나지 않았습니까?

食べませんでした 먹지 않았습니다

(track 130)

昨日は 家に いましたか。

어제는 집에 있었습니까?

동사의 과거형은 정중형「ます」대신「ました」를 쓰면 돼요.
그리고 뒤에「か」를 붙이면 의문문이 돼요.

どんな 漫画を 読みましたか。

어떤 만화를 읽었어요?

公園で 誰と 遊びましたか。

공원에서 누구랑 놀았어요?

いつ 京都に 行きましたか。

언제 교토에 갔어요?

Words

どんな 어떤
漫画 만화
読む 읽다(1G)
誰 누구
遊ぶ 놀다(1G)
行く 가다(1G)

(track 131)

駅で 1時間 待ちました。

역에서 1시간 기다렸습니다.

과거형「ました」로 대답해 봅시다.

スポーツ 漫画を 読みました。

스포츠 만화를 읽었어요.

友だちと 公園で 遊びました。

친구와 공원에서 놀았어요.

春休みに 京都に 行きました。

봄 휴가 때 교토에 갔어요.

Words

スポーツ 스포츠
春休み 봄 휴가(방학)

(track 132)

ゆりこさんに 会_あいませんでしたか。

유리코 씨를 만나지 않았습니까?

「〜ませんでした」는 부정형과 과거형이 결합된 형태로
'〜지 않았습니다'라는 뜻이에요. 그리고 뒤에 「か」를 붙이면 의문문이 돼요.

昨日_{きのう}は 雨_{あめ}が 降_ふりませんでしたか。

어제는 비가 오지 않았나요?

図書館_{としょかん}で 勉強_{べんきょう}しませんでしたか。

도서관에서 공부하지 않았나요?

せなさんと 電話_{でんわ}しませんでしたか。

세나 씨와 전화하지 않았나요?

Words
雨_{あめ} 비
降_ふる 내리다(1G)

(track 133)

朝_{あさ}ごはんは 食_たべませんでした。

아침밥은 먹지 않았습니다.

과거 부정형 「ませんでした」로 대답해 봅시다.

はい、昨日_{きのう}は 降_ふりませんでした。

네, 어제는 내리지 않았어요.

図書館_{としょかん}は 休_{やす}みで 勉強_{べんきょう}できませんでした。

도서관은 쉬는 날이라서 공부를 못 했어요.

ええ、せなさんとは 電話_{でんわ}しませんでした。

네, 세나 씨와는 전화하지 않았어요.

Words
休_{やす}み 쉬는 날, 휴일
できる 할 수 있다(2G)
〜とは 〜와/과는

3주
Day 16

183

1 보기 에 제시된 말을 문장에 맞게 고쳐 넣으세요.

보기

会う　　　行く　　　する

① いつ　日本に _____。 언제 일본에 갔어요?

② 友だちと　カフェで _____。 친구와 카페에서 만나지 않았어요?

③ 昨日は　図書館で　勉強 _____。 어제는 도서관에서 공부했습니다.

2 보기 에 제시된 말을 넣어 문장을 완성하세요.

どんな　　　何を　　　だれと　　　どこに

① _____ 映画を　見ましたか。 어떤 영화를 봤습니까?

② 昨日は _____ 行きましたか。 어제는 어디에 갔습니까?

③ 日曜日は _____ しましたか。 일요일은 무엇을 했습니까?

④ _____ お茶を　飲みましたか。 누구와 차를 마셨습니까?

③ 제시된 동사를 정중한 과거 긍정형 또는 부정형으로 고쳐 문장을 만들어 보세요.

① 見る → 1人で 映画を _____。

혼자서 영화를 봤습니다.

② とる → 公園で 彼女と 写真を _____。

공원에서 여자 친구와 사진을 찍었습니다.

③ 降る → 昨日は 雨が _____。

어제는 비가 내리지 않았습니다.

④ 일본어를 잘 듣고 정확한 발음을 히라가나로 쓰고 뜻도 써 보세요.

track 134

①

②

③

3주

Day 16

track
135

ゆうし　ジウンさん、沖縄に めんそーれ！
福岡から 飛行機で どのくらい
かかりましたか。

ジウン　2時間 かかりました。
海の 色が とても きれいでしたよ。

ゆうし　そうですか。これから ホテルに チェックインします。
ホテルは 海の 近くを 予約しました。

ジウン　ホテルまで 車で 行きますか。

ゆうし　レンタカーを 借りました。

Words

沖縄 오키나와	**めんそーれ** 어서 오세요(오키나와 방언)	**福岡** 후쿠오카
飛行機 비행기	**どのくらい** 어느 정도, 얼마나	**かかる** 걸리다
海 바다	**色** 색	**これから** 이제부터
チェックイン 체크인	**近く** 근처	**予約** 예약
車 차, 자동차	**レンタカー** 렌터카	**借りる** 빌리다(2G)

186

유시	지운 씨, 오키나와에 오신 걸 환영해요!
	후쿠오카에서 비행기로 얼마나 걸렸어요?
지운	2시간 걸렸어요.
	바다 색깔이 너무 예뻤어요.
유시	그래요? 이제 호텔에 체크인 할게요.
	호텔은 바다 근처를 예약했어요.
지운	호텔까지 차로 가나요?
유시	렌터카를 빌렸어요.

3주
Day 16

쑥쑥 Tip

track
136

● 「どのくらい」와 비슷한 표현 「どれくらい」

수량이나 정도를 물을 때 사용하는 표현으로 「どのくらい」와 「どれくらい」가 있어요.

예) 家（いえ）から 会社（かいしゃ）まで どれくらい かかりますか。 집에서 회사까지 얼마나 걸려요?

お酒（さけ）は どれくらい 飲（の）みますか。 술은 얼마나 마셔요?

スカイツリーの 高（たか）さは どれくらいですか。 스카이트리의 높이는 얼마나 돼요?

187

브레드와
おしゃべり

일본 속 또 다른 나라
'오키나와'

'한국에 제주도가 있다면, 일본에는 오키나와가 있다?!'

일본이 섬나라인데 무슨 또 섬 얘기냐 하시는 분들도 계시겠지만, 오키나와는 일본 본토와는 상당 거리 떨어져 있는 섬입니다. 그래서 본토와는 달리 독자적으로 발달한 문화들이 많습니다. 그 중 크게 다른 부분이 바로 '결혼식' 문화입니다.

오키나와의 결혼식은 피로연을 포함하여 총 3시간 이상 열리며, 하루 종일 진행되는 경우도 많습니다. 하객들도 기본 300명 정도로, 본토의 일반적인 결혼식 규모와 비교했을 때 약 2배 이상의 인원이 참석한다고 합니다. 또, 일본 본토에서의 축의금은 보통 3만 엔(약 30만 원) 이상인 반면, 오키나와에서는 대부분 1만 엔(약 10만 원)으로 통일해서 낼 때가 많습니다. 일본 본토에서도 한국과 마찬가지로 친구들이 노래나 장기자랑 등의 축하 무대를 선보일 때가 가끔 있지만 오키나와에서는 축하 공연의 스케줄 표가 따로 있을 정도로 참석한 모두가 공연에 열정적으로 참여합니다.

두 번째로 본토와 다른 문화라고 한다면 '결속력'입니다. 여러분도 잘 아시겠지만, 일본 본토는 개인주의 문화가 일반적인 편입니다. 그러나 오키나와는 앞에서 언급한 결혼식 문화에서도 느껴지듯이 굉장히 좁은 사회, 공동체주의 성격이 강한 곳입니다. 그러다 보니 같은 지역 사람들끼리의 유대감이 매우 단단하고 결속력이 높습니다.

여러분도 언젠가 오키나와를 방문하셔서 독특한 문화를 간직한 '일본 속 또 다른 나라'를 체험해 보시길 바랍니다.

우리말을 참고하여 문장을 완성해 보세요.

❶ 午後は 図書館に _____。
<small>ご ご</small>　　<small>と しょ かん</small>

오후(에)는 도서관에 있었습니까?

❷ 学校で 田中さんに _____。
<small>がっ こう</small>　<small>た なか</small>

학교에서 다나카 씨를 만났습니까?

❸ 家で ケーキを _____。
<small>いえ</small>

집에서 케이크를 만들었습니다.

❹ 先週、友だちと _____。
<small>せん しゅう</small>　<small>と も</small>

지난주, 친구와 파티를 했습니다.

❺ 朝、コーヒーを _____。
<small>あさ</small>

아침(에), 커피를 마시지 않았습니까?

❻ 学校で 先生と _____。
<small>がっ こう</small>　<small>せん せい</small>

학교에서 선생님과 이야기하지 않았습니까?

❼ ここには だれも _____。

여기에는 아무도 오지 않았습니다.

❽ 昨日は お酒を _____。
<small>き のう</small>　<small>さけ</small>

어제는 술을 마시지 않았습니다.

빨리 먹고 싶어요.

동사 ます형과 접속하는 다양한 표현을 익혀 볼게요. 이번 시간에는 '~합시다(청유),
~하고 싶습니다(희망), ~하러 갑니다/옵니다(목적)' 등의 표현을 배워 봅시다.

 Step 1 **배울 내용 미리 보기**

scene 1
같이 사진 찍어요
좋아요~

scene 2
비 오는 날은 밖에 나가고 싶지 않아요

scene 3
책을 빌리러 왔어요

scene 4
우유를 사러 갈 거예요

오늘 배울 주요 표현이에요. 음성을 잘 듣고 소리 내어 따라 해 보세요.

track
137

따뜻한 커피를 마십시다(마셔요).

^{あたた}暖かい コーヒーを ^の飲みましょう。

빨리 집에 (돌아)가고 싶습니다.

^{はや}早く ^{いえ}家に ^{かえ}帰りたいです。

친구를 만나러 왔습니다.

^{とも}友だちに ^あ会いに ^き来ました。

같이 영화를 보러 갑시다.

^{いっしょ}一緒に ^{えいが}映画を ^み見に ^い行きましょう。

3주
Day 17

Words

^{あたた}暖かい 따뜻하다

^{かえ}帰りたいです 돌아가고 싶어요

^み見に 보러

^の飲みましょう 마십시다, 마셔요

^あ会いに 만나러

^い行きましょう 갑시다, 가요

^{はや}早く 빨리

^{いっしょ}一緒に 같이, 함께

(track 138)

暖(あたた)かい コーヒーを 飲(の)みましょう。

따뜻한 커피를 마십시다(마셔요).

상대에게 '~합시다' 하고 권하거나 제안할 때 동사 ます형에 「ましょう」를 붙여서 말해요. 「ましょうか」를 쓰면 '~할까요?' 하고 상대에게 의향을 묻는 표현이 돼요.

ここで 少(すこ)し 待(ま)ちましょう。

여기서 조금 기다립시다.

駅(えき)まで 歩(ある)きましょう。

역까지 걸어갑시다.

一緒(いっしょ)に 写真(しゃしん)を とりましょうか。

같이 사진을 찍을까요?

Words

ここで 여기서

待(ま)つ 기다리다(1G)

歩(ある)く 걷다(1G)

(track 139)

早(はや)く 家(いえ)に 帰(かえ)りたいです。

빨리 집에 (돌아)가고 싶습니다.

'~하고 싶다' 하고 희망을 나타낼 때 ます형에 「~たい」를 붙여요. 「~たい」는 い형용사처럼 활용되기 때문에 부정형은 「~たくない ~하고 싶지 않다」가 돼요.

今日(きょう)は どこに 行(い)きたいですか。

오늘은 어디에 가고 싶어요?

ディズニーランドで 遊(あそ)びたいです。

디즈니랜드에서 놀고 싶어요.

雨(あめ)の 日(ひ)は 外(そと)に 出(で)たくないです。

비 오는 날은 밖에 나가고 싶지 않아요.

Words

~たい ~하고 싶다

どこに 어디에

ディズニーランド 디즈니랜드

雨(あめ)の 日(ひ) 비 오는 날

外(そと) 밖

出(で)る 나가다, 나오다(2G)

track 140

友だちに 会いに 来ました。

친구를 만나러 왔습니다.

「～に 来る ～하러 오다」는 어떤 장소에 오는 목적을 말할 때 쓰는 표현이에요.
「～に 来ます ～하러 옵니다」, 「～に 来ました ～하러 왔습니다」처럼 활용해서 써요.

学生たちが 勉強しに 来ます。

학생들이 공부하러 옵니다.

図書館に 本を 借りに 来ました。

도서관에 책을 빌리러 왔습니다.

証明書を もらいに 来ました。

증명서를 받으러 왔습니다.

Words

～たち ～들(복수)

借りる 빌리다(2G)

証明書 증명서

もらう 받다(1G)

track 141

3주
Day 17

一緒に 映画を 見に 行きましょう。

같이 영화를 보러 갑시다.

「～に 行く ～하러 가다」의 표현도 익혀 봅시다. 「～に 行く」뒤에
「～ましょう」를 조합하여 '～하러 갑시다'라는 표현도 만들 수 있어요.

今 会いに 行きます。

지금 만나러 갑니다.

東京に 何を しに 行きますか。

도쿄에 무엇을 하러 갑니까?

ジュースを 買いに コンビニへ 行きました。

주스를 사러 편의점에 갔습니다.

Words

会う 만나다(1G)

ジュース 주스

❶　보기에 제시된 말을 문장에 맞게 고쳐 넣으세요.

┌─────────────── ▼ 보기 ▼ ───────────────┐
│　　　とる　　　休む　　　待つ　　　　　│
│　　　　　　　　やす　　　ま　　　　　　│
└─────────────────────────────────────┘

① ここで _____。여기서 기다립시다.

② いっしょに 写真を _____。같이 사진을 찍읍시다.
　　　　　　しゃしん

③ 少し _____。조금 쉽시다.
　すこ

❷　제시된 희망 표현과 관련 있는 그림을 고르세요.

a.

b.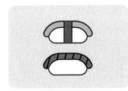

c.

d.

① 食べたい　b
　た

② 行きたい
　い

③ 読みたい
　よ

④ 飲みたい
　の

3 보기 와 같이 제시된 단어를 넣어 문장을 만들어 보세요.

┌─────────────── 보기 ───────────────┐

会う   来る   → 先生に 会いに 来ました。

선생님을 만나러 왔습니다.

└──────────────────────────────────┘

① 借りる   来る   → 本を _____。

책을 빌리러 왔습니다.

② 買う   行く   → かばんを _____。

가방을 사러 갔습니다.

③ する   行く   → 何を _____。

무엇을 하러 갔습니까?

4 일본어를 잘 듣고 정확한 발음을 히라가나로 쓰고 뜻도 써 보세요.
(track 142)

①  _____

②  _____

③ _____

3주 Day 17

195

track
143

ゆうし　ジウンさん、準備は できましたか。
これから 沖縄そばを 食べに 行きましょう。

ジウン　ああ、早く 食べたいです。
あ、あの 店は 写真で 見ました。

ゆうし　あそこの めんは 特別ですよ。
それと ラフテーも 人気です。

ジウン　それは 何ですか。

ゆうし　豚肉を 煮る 料理です。

Words

準備 준비

できる 되다, 생기다(2G)

沖縄そば 오키나와 소바

めん 면

特別だ 특별하다

それと 그리고, 그거와

ラフテー 라후테
　　　　(돼지고기 조림)

人気 인기

豚肉 돼지고기

煮る 끓이다, 조리다(2G)

料理 요리

196

유시   지운 씨, 준비는 되셨나요?
       지금부터 오키나와 소바를 먹으러 갑시다.

지운   아〜, 빨리 먹고 싶어요.
       아, 저 가게는 사진에서 봤어요.

유시   저기 면은 특별해요.
       그리고 라후테도 인기예요.

지운   그게 뭐예요?

유시   돼지고기를 조리는 요리예요.

 쑥쑥 Tip

track 144

● 맛을 나타내는 표현

앞에서 「甘い 달다」, 「辛い 맵다」 등 음식의 맛을 나타내는 표현을 몇 가지 배웠습니다.
이 밖에도 음식의 맛과 관련해 어떤 표현이 있는지 살펴봅시다.

しょっぱい
짜다

酸っぱい
시다

苦い
쓰다

渋い
떫다

油っこい
느끼하다

生臭い
비린내가 나다

味が 薄い
맛이 싱겁다

味が 濃い
맛이 진하다

3주
Day 17

197

브레드와 おしゃべり

다양한 인칭 대명사

'나, 저, 우리, 그, 그녀'와 같은 표현을 인칭 대명사라고 하죠. 일본어를 처음 배울 때, '나, 저'를 가리키는 기본적인 표현으로 「わたし」를 배우게 되는데요, 이 밖에도 몇 가지 표현이 더 있답니다. 상황이나 친밀도, 성별에 따라 표현이 조금씩 다른데, 그 차이를 쉽게 설명해 드릴게요.

● **와따쿠시 私・わたくし** (저)
공적이고 보다 격식을 차려야 하는 자리, 비즈니스 등에서 사용하며 남녀 공통으로 쓸 수 있어요.

● **와따시 私・わたし** (나, 저)
기본적인 1인칭 대명사로, 남녀 공통으로 쓸 수 있어요. 뉘앙스 차이를 잘 모르겠다 싶으면 그냥 「わたし」를 쓰면 돼요.

공적인 자리 (겸양)	わたくし		
공적인 자리 (일반)	わたし		
	ぼく		
사적인 자리	わたし (일반)	あたし (캐주얼)	
	ぼく (부드러운 느낌)	おれ (와일드 · 터프한 느낌)	

● **보꾸 僕・ぼく** (나, 저)
남성이 사적인 자리에서 주로 사용하지만, 부드러운 느낌이 있어서 회사 안에서도 친한 동료나 상사와 대화할 때 쓰기도 해요.

● **오레 俺・おれ** (나)
남성이 사적인 자리에서 친한 사이끼리 사용해요. 살짝 거친 느낌이 들고, 상대방을 대등하거나 혹은 낮춰서 보는 느낌이 있기 때문에 상대방과의 거리를 생각하고 신중히 사용하는 게 좋아요.

● **와따시타찌**
私たち・わたしたち (우리)
자신과 듣는 사람을 포함하여 여러 사람을 가리킬 때 쓰는 1인칭 대명사입니다. 보다 격식을 차려야 할 경우는 '와타쿠시도모 (私ども・わたくしども)'라는 표현을 쓰기도 해요.

● **아나타 貴方・あなた** (당신)
우리도 실생활에서 '당신'이라는 말을 많이 사용하지 않듯이 일본도 마찬가지예요. 상대방을 부를 때 되도록이면 「あなた」보다는 이름에 「~さん」을 붙여 말하는 게 좋아요.

우리말을 참고하여 문장을 완성해 보세요.

① 早_{はや}く 家_{いえ}に _____。

빨리 집에 돌아갑시다.

② ここで 写真_{しゃしん}を _____。

여기서 사진을 찍을까요?

③ 甘_{あま}い ものが _____。

단 것을 먹고 싶습니다.

④ 新_{あたら}しい ケータイが _____。

새 핸드폰을 사고 싶습니다.

⑤ 友_{とも}だちが 家_{いえ}に _____。

친구가 집에 놀러 옵니다.

⑥ 午後_{ごご}、せなさんが 本_{ほん}を _____。

오후에, 세나 씨가 책을 빌리러 옵니다.

⑦ 昼_{ひる}ごはんを _____。

점심(밥)을 먹으러 갑니다.

⑧ お酒_{さけ}を _____。

술을 마시러 갔습니다.

3주

Day 17

199

Day 18 _____월_____일

이것을 사용하세요.

'∼하고(행동의 나열), ∼해서(이유·원인)'의 의미가 있는 동사 て형을 배워 볼게요.
그리고 て형과 연결하는 다양한 문형도 함께 익혀 봅시다.

Step 1 **배울 내용 미리 보기**

scene 1
약을 먹고 잡니다

scene 2
많이 먹어서 배가 아파요

scene 3
이 약을 드세요

scene 4
음악을 듣고 있어요

오늘 배울 주요 표현이에요. 음성을 잘 듣고 소리 내어 따라 해 보세요.

track
145

밥을 먹고 출발합니다.

ごはんを 食_たべて 出_{しゅっ}発_{ぱつ}します。

비를 맞아서 감기에 걸렸습니다.

雨_{あめ}に ぬれて 風_か邪_ぜを 引_ひきました。

이 약을 드세요(복용하세요).

この 薬_{くすり}を 飲_のんで ください。

지금 유튜브를 보고 있습니다.

今_{いま} ユーチューブを 見_みて います。

매일 6시에 일어나고 있습니다(일어납니다).

毎_{まい}日_{にち} 6時_{ろくじ}に 起_おきて います。

3주

Day 18

Words

出_{しゅっ}発_{ぱつ}します 출발합니다

風_か邪_ぜを 引_ひきました 감기에 걸렸습니다

ユーチューブ 유튜브

ぬれて 젖어서

薬_{くすり} 약

毎_{まい}日_{にち} 매일

雨_{あめ}に ぬれて 비를 맞아서

飲_のんで ください 마셔요, 드세요

起_おきて います 일어나고 있습니다

먼저 동사 て형의 활용 형태를 익혀 봅시다.
동사 기본형을 て형으로 바꾸면 연결 또는 이유를 나타내는 표현이 됩니다.

(track 146)

종류	기본형(반말)	て형(연결, 이유)	
1그룹 IG	書く 쓰다	く → いて	書いて 쓰고, 써서
	泳ぐ 수영하다	ぐ → いで	泳いで 수영하고, 수영해서
	会う 만나다	う → って	会って 만나고, 만나서
	待つ 기다리다	つ → って	待って 기다리고, 기다려서
	帰る 돌아가(오)다	る → って	帰って 돌아가(오)고, 돌아가(와)서
	死ぬ 죽다	ぬ → んで	死んで 죽고, 죽어서
	遊ぶ 놀다	ぶ → んで	遊んで 놀고, 놀아서
	飲む 마시다	む → んで	飲んで 마시고, 마셔서
	話す 말하다	す → して	話して 이야기하고, 이야기해서
	★行く 가다	く → って (예외)	行って 가고, 가서
2그룹 2G	見る 보다		見て 보고, 봐서
	起きる 일어나다	る + て	起きて 일어나고, 일어나서
	食べる 먹다		食べて 먹고, 먹어서
	寝る 자다		寝て 자고, 자서
3그룹 3G	する 하다	2개뿐이고 불규칙하니 그냥 암기!	して 하고, 해서
	来る 오다		来て 오고, 와서

(track 147)

ごはんを 食べて 出発します。

밥을 먹고 출발합니다.

동사 て형은 몇 가지 행동을 나열할 때 써요.

顔を 洗って 朝ごはんを 食べます。

세수를 하고 아침을 먹어요.

夜 薬を 飲んで 寝ます。

밤에 약을 먹고 자요.

友だちに 会って 映画を 見ました。

친구를 만나서 영화를 봤어요.

Words

顔 얼굴

洗う 씻다(1G)

顔を 洗う 세수하다

薬を 飲む 약을 먹다

(track 148)

雨に ぬれて 風邪を 引きました。

비를 맞아서 감기에 걸렸습니다.

동사 て형은 이유, 원인을 나타낼 때도 써요.

バスが 遅れて 遅刻しました。

버스가 늦어서 지각했어요.

けがを して 会社を 休みました。

다쳐서 회사를 쉬었어요.

たくさん 食べて お腹が 痛いです。

많이 먹어서 배가 아파요.

Words

遅れる 늦다(2G)

遅刻する 지각하다

けがを する 다치다, 상처를 입다

たくさん 많이

お腹 배(신체)

痛い 아프다

3주
Day 18

track 149

この 薬を 飲んで ください。

이 약을 드세요(복용하세요).

「〜て ください ~해 주세요. ~하세요」는 부탁이나 지시할 때 사용해요.

明日は 8時までに 来て ください。

내일은 8시까지 와 주세요.

暗いから 気を つけて 帰って ください。

어두우니까 조심해서 돌아가세요.

ここで しばらく 待って ください。

여기서 잠시 기다려 주세요.

Words

暗い 어둡다

気を つける 조심하다

帰る 돌아가다(예외 1G)

しばらく 잠깐, 잠시

待つ 기다리다(1G)

track 150

今 ユーチューブを 見て います。

지금 유튜브를 보고 있습니다.

「〜て います ~하고 있습니다」는 현재 진행되는 일을 말할 때 써요.

部屋で 音楽を 聞いて います。

방에서 음악을 듣고 있어요.

友だちと 電話で 話して います。

친구와 전화로 이야기하고 있어요.

図書館で 本を 読んで います。

도서관에서 책을 읽고 있어요.

Words

部屋 방

音楽 음악

聞く 듣다, 묻다(1G)

読む 읽다(1G)

(track 151)

毎日 6時に 起きて います。

매일 6시에 일어나고 있습니다(일어납니다).

「～て います ～하고 있습니다」는 상태, 습관, 반복되는 일을 말할 때도 써요.

カズさんは めがねを かけて います。

카즈 씨는 안경을 쓰고 있어요.

毎日 日本語学校に 通って います。

매일 일본어 학교에 다니고 있어요.

先週から ダイエットを して います。

지난주부터 다이어트를 하고 있어요.

サッカーチームに 入って います。

축구팀에 들어가 있어요(속해 있어요).

Words

めがね 안경

かける 걸치다(2G)

通う 다니다(1G)

ダイエット 다이어트

サッカーチーム 축구팀

入る 들어가(오)다
(예외 1G)

3주

Day 18

① 보기에 제시된 말을 문장에 맞게 고쳐 넣으세요.

> 보기
>
> する　　　会う　　　見る

① 友だちに ＿＿＿＿＿＿＿ ランチを 食べました。 친구를 만나서 점심을 먹었어요.

② けがを ＿＿＿＿＿＿＿ アルバイトを 休みました。 다쳐서 아르바이트를 쉬었어요.

③ 家で テレビを ＿＿＿＿＿＿＿＿＿＿＿＿＿。 집에서 TV를 보고 있어요.

② 그림의 상황을 연결해서 문장을 작성해 보세요.

①

顔を 洗う　　　→　　　コーヒーを 飲む

顔を ＿＿＿＿＿＿＿ コーヒーを 飲みました。 세수를 하고 커피를 마셨습니다.

②

本を 読む　　　→　　　寝る

＿＿＿＿＿＿＿＿＿＿＿＿＿＿＿＿。 책을 읽고 잤습니다.

③ 우리말을 참고하여 부탁 · 지시하는 표현을 작성해 보세요.

① 飲む → 薬を _____。

약을 드세요.

② → 3時までに _____。

3시까지 와 주세요.

③  待つ → ここで _____。

여기에서 기다리세요.

④ 일본어를 잘 듣고 정확한 발음을 히라가나로 쓰고 뜻도 써 보세요.

track 152

①

②

③

ジウン

すみません。ケータイの バッテリーが 切れて…
ちょっと 充電器 貸して ください。

店員

はい、じゃ、こちらの 充電器を 使って ください。

ジウン

ありがとう ございます。
ところで ねぶたまつりは いつ 始まりますか。

店員

もう やって いますよ。
あちらの 大通りに 出て ください。

ジウン

「はねと」に なって 参加したいんですが…。

店員

となりの お店で 「はねと」の 衣装を 貸して
います。それを 着て 踊って ください。

Words

バッテリー 배터리	切れる 끊어지다, 다 되다, 떨어지다	ちょっと 좀, 조금	充電器 충전기
貸す 빌려주다	店員 점원	使う 사용하다	ところで 그런데
ねぶたまつり 네부타 축제	始まる 시작되다	もう 이미, 벌써	やる 하다
大通り 큰길, 넓은 길	はねと 하네토(네부타 축제의 춤꾼)	～に なる ～가 되다	参加する 참가하다
となり 옆	衣装 의상	着る 입다	踊る 춤추다

지운　　죄송합니다. 핸드폰 배터리가 다 돼서…

　　　　충전기 좀 빌려주세요.

점원　　네, 그럼 이쪽 충전기를 사용하세요.

지운　　감사합니다.

　　　　그런데, 네부타 축제는 언제 시작하나요?

점원　　벌써 하고 있어요. 저쪽 큰길로 나가세요.

지운　　'하네토'가 되어서 참가하고 싶은데요….

점원　　옆의 가게에서 '하네토' 의상을 빌려주고 있어요.

　　　　그것을 입고 춤 추세요.

3주

Day 18

알아 두면 쓸모 있는
사소한 일본 매너

영화는 끝까지!

한국 영화관에서는 어느 정도 영화가 끝나면 쿠키 영상이 없는 한, 영화관에서 나가도 되지만 일본 영화관에서는 엔딩 크레딧이 전부 올라갈 때까지 나가지 않는 것이 매너입니다. 일본인들은 영화를 만든 제작자나 끝까지 보고 싶은 관객에 대한 매너라고 생각하여 끝까지 자리에 남아 있습니다.

자유로우면서도 엄격한 일본의 흡연 문화

일본은 음식점이나 술집은 물론이고 실내에서 흡연이 가능한 곳이 많았지만, 요즘은 흡연 전용실 혹은 흡연 부스 설치 여부 등에 따라 실내 흡연이 불가능한 곳이 많아졌습니다.

실외의 경우, 전자 담배의 보급으로 길에서 흡연하는 인구도 많이 증가했으나 기본적으로 흡연 구역에서 담배를 피우는 시민들이 압도적으로 많습니다.

우리말을 참고하여 문장을 완성해 보세요.

① 友だちに ＿＿＿＿＿＿＿＿ お茶を 飲みました。

친구를 만나서 차를 마셨습니다.

② ご飯を ＿＿＿＿＿＿＿＿ 薬を 飲みました。

밥을 먹고 약을 먹었습니다.

③ 風邪を ＿＿＿＿＿＿＿＿ アルバイトを 休みました。

감기에 걸려서 아르바이트를 쉬었습니다.

④ 会議が ＿＿＿＿＿＿＿＿ 早く 会社に 行きました。

회의가 있어서 빨리 회사에 갔습니다.

⑤ ここに おなまえを ＿＿＿＿＿＿＿＿＿＿＿。

여기에 이름을 써 주세요.

⑥ ちょっと 電話を ＿＿＿＿＿＿＿＿＿＿＿。

잠깐 전화를 빌려주세요.

⑦ 日本料理を ＿＿＿＿＿＿＿＿＿＿＿。

일본 요리를 만들고 있습니다.

⑧ 本を ＿＿＿＿＿＿＿＿＿＿＿。

책을 읽고 있습니다.

Day 19 _____월_____일

더 먹어도 돼요?

'허가와 금지, 동시 동작'을 나타내는 표현을 배워 볼게요.
금지 표현을 만들려면 우선 동사를 **ない**형으로 바꾸는 연습이 필요해요.

 Step 1 배울 내용 미리 보기

scene 1
비가 그칠 때까지
여기 있어도 돼요?

scene 2
여기 있어도 돼요

scene 3
화내지 마세요

scene 4
사진을 찍어서는 안 돼요

scene 5
노래를 들으면서 운전해요

오늘 배울 주요 표현이에요. 음성을 잘 듣고 소리 내어 따라 해 보세요.

track
154

수영장에서 수영해도 됩니까?

プールで 泳^{およ}いでも いいですか。

네, 수영해도 됩니다.

はい、泳^{およ}いでも いいです。

병원에서 담배를 피우지 마세요.

病^{びょう}院^{いん}で タバコを 吸^すわないで ください。

병원에서 담배를 피워서는 안 됩니다.

病^{びょう}院^{いん}で タバコを 吸^すっては いけません。

운전하면서 노래를 부릅니다.

運^{うん}転^{てん}しながら 歌^{うた}を 歌^{うた}います。

3주

Day 19

Words

プール 풀장, 수영장

病^{びょう}院^{いん} 병원

～ないで ください ～지 말아 주세요(마세요)

歌^{うた}う 노래하다

泳^{およ}ぐ 수영하다

タバコ 담배

運^{うん}転^{てん}する 운전하다

～ても(でも) いいですか ～해도 됩니까?

吸^すう 들이마시다, (담배를) 피우다

歌^{うた} 노래

먼저 동사 ない형의 활용 형태를 익혀 봅시다.
동사 기본형을 ない형으로 바꾸면 반말체의 부정형이 됩니다.

(track 155)

종류	기본형(반말)			ない형(반말, 부정형)
1그룹 IG	^あ会う 만나다	う → わ		^あ会わない 만나지 않는다
	^い行く 가다	く → か		^い行かない 가지 않는다
	^{およ}泳ぐ 수영하다	ぐ → が		^{およ}泳がない 수영하지 않는다
	^{はな}話す 이야기하다	す → さ		^{はな}話さない 이야기하지 않는다
	^ま待つ 기다리다	つ → た	[う단 → あ단] + ない	^ま待たない 기다리지 않는다
	^し死ぬ 죽다	ぬ → な		^し死なない 죽지 않는다
	^{あそ}遊ぶ 놀다	ぶ → ば		^{あそ}遊ばない 놀지 않는다
	^の飲む 마시다	む → ま		^の飲まない 마시지 않는다
	^{かえ}帰る 돌아가(오)다	る → ら		^{かえ}帰らない 돌아가(오)지 않는다
	ある 있다(사물, 식물)	★주의		ない 없다
2그룹 2G	^み見る 보다		る + ない	^み見ない 보지 않는다
	^お起きる 일어나다			^お起きない 일어나지 않는다
	^た食べる 먹다			^た食べない 먹지 않는다
	^ね寝る 자다			^ね寝ない 자지 않는다
3그룹 3G	する 하다		2개뿐이고 불규칙하니 그냥 암기!	しない 하지 않는다
	^く来る 오다			^こ来ない 오지 않는다

(track 156)

プールで 泳^{およ}いでも いいですか。

수영장에서 수영해도 됩니까?

「〜ても(でも) いいですか ~해도 됩니까?」는
허가를 구하는 표현이에요.

この ケーキを 食^たべても いいですか。

이 케이크를 먹어도 되나요?

試験^{しけん}の 時^{とき} メモしても いいですか。

시험 때 메모해도 되나요?

雨^{あめ}が 止^やむまで ここに いても いいですか。

비가 그칠 때까지 여기에 있어도 되나요?

Words
メモ 메모
止^やむ 멈추다. 그치다

(track 157)

はい、泳^{およ}いでも いいです。

네, 수영해도 됩니다.

「〜ても(でも) いいです ~해도 됩니다」로
허가하는 대답을 할 수 있어요.

食^たべても いいです。

먹어도 돼요.

メモしても いいです。

메모해도 돼요.

ここに いても いいです。

여기에 있어도 돼요.

3주 Day 19

(track 158)

病院で タバコを 吸わないで ください。

병원에서 담배를 피우지 마세요.

「〜ないで ください ~하지 말아 주세요(마세요)」는

금지할 때 쓰는 표현이에요.

他の 人に 話さないで ください。

다른 사람에게 말하지 마세요.

宿題を 忘れないで ください。

숙제를 잊지 마세요.

怒らないで ください。

화내지 마세요.

Words
他の 人 다른 사람
話す 이야기하다, 말하다
宿題 숙제
忘れる 잊다
怒る 화내다

(track 159)

病院で タバコを 吸っては いけません。

병원에서 담배를 피워서는 안 됩니다.

「〜ては(では) いけません ~해서는 안 됩니다」은

보다 강한 금지 표현이에요.

お酒を 飲んでは いけません。

술을 마셔서는 안 됩니다.

写真を とっては いけません。

사진을 찍어서는 안 됩니다.

ここに 入っては いけません。

여기에 들어가서는 안 됩니다.

일상 생활에서 캐주얼하게
「〜ちゃ(じゃ) ダメです」
라고도 해요.

お酒を 飲んじゃ ダメです。
술을 마시면 안 돼요.

track 160

運転しながら 歌を 歌います。

운전하면서 노래를 부릅니다.

「ます형 + ながら」는 '~하면서'라는 뜻으로 두 가지 동작을 동시에
진행하는 경우에 써요.

ラジオを 聞きながら 運転します。

라디오를 들으면서 운전해요.

テレビを 見ながら ご飯を 食べます。

텔레비전을 보면서 밥을 먹어요.

コーヒーを 飲みながら 本を 読みます。

커피를 마시면서 책을 읽어요.

メモしながら 聞いて ください。

메모하면서 들어 주세요(들으세요).

歩きながら タバコを 吸っては いけません。

걸으면서 담배를 피워서는 안 됩니다.

3주

Day 19

Words

ラジオ 라디오

❶ 보기 에 제시된 말을 문장에 맞게 고쳐 넣으세요.

> 보기
>
> 食^たべる　　　待^まつ　　　入^{はい}る

① ここで ＿＿＿＿＿＿＿＿＿＿＿＿＿＿＿。　여기서 기다려도 되나요?

② この おかし ＿＿＿＿＿＿＿＿＿＿＿＿＿。　이 과자 먹어도 되나요?

③ ここに ＿＿＿＿＿＿＿＿＿＿＿＿＿＿＿。　여기에 들어가도 되나요?

❷ 우리말을 참고하여 제시된 동사를 금지형으로 적어 보세요.

> 보기
>
> 吸^すう　→　タバコを 吸^すわないで ください。
> 담배를 피우지 마세요.

① とる　→　写真^{しゃしん}を ＿＿＿＿＿＿＿＿＿＿。
사진을 찍지 마세요.

② 入^{はい}る　→　ここに ＿＿＿＿＿＿＿＿＿＿。
여기에 들어가지 마세요.

③ 飲^のむ　→　お酒^{さけ}を ＿＿＿＿＿＿＿＿＿＿。
술을 마시지 마세요.

3 우리말을 참고하여 동시 동작 표현을 작성해 보세요.

> 보기
>
> 音楽を 聞く　→　音楽を 聞きながら 勉強を します。
>
> 음악을 들으며 공부합니다.

① おかしを 食べる

　→ _____　映画を 見ます。

　과자를 먹으며 영화를 봐요.

② 歩く

　→ _____　電話を します。

　걸으면서 전화를 해요.

4 일본어를 잘 듣고 정확한 발음을 히라가나로 쓰고 뜻도 써 보세요.

track 161

①

②

③

3주 Day 19

track
162

ジウン

すみません、1人_{ひとり}ですが、

わんこそばを 頼_{たの}んでも いいですか。

店員_{てんいん}

はい、どうぞ こちらへ。じゃ、始_{はじ}めます。

「どんどん…」

ジウン

やくみを つけながら 食_たべますか。

店員

そうですよ。はい、ここまで２０ぱい！_{にじゅっ}

ジウン

おわんを かぞえながら 食_たべるから

おもしろいですね。

もっと 食_たべても いいですか。

店員

もちろんです。

でも 無理_{むり}は しないで くださいね。

Words

わんこそば 왕코소바	頼む_{たの} 부탁하다, 청하다, 주문하다	どうぞ 자, 부디	こちらへ 이쪽으로
始める_{はじ} 시작하다	どんどん 자꾸 자꾸, 많이 많이	やくみ 양념	つける 붙이다, 묻히다
はい(ぱい) 잔·그릇을 세는 단위	おわん 국 그릇	かぞえる 세다, 셈하다	もっと 좀 더
無理_{むり} 무리			

지운　저, 혼자 왔는데요. 왕코소바를 시켜도 될까요?

점원　네, 이쪽으로 오세요. 그럼 시작하겠습니다.

　　　'돈돈(많이 많이)…'

지운　양념을 찍으면서 먹나요?

점원　그렇습니다. 네, 여기까지 20그릇!

지운　그릇을 세면서 먹으니까 재미있네요.

　　　더 먹어도 돼요?

점원　물론입니다. 근데 무리는 하지 마세요.

3주

Day 19

브레드와
おしゃべり

일본에서
금기시되는 행동들

일본은 매너를 매우 중요하게 생각하는 나라입니다.
따라서 일본에서 금기시되는 행동들을 미리 알아 두시면
좋습니다. 이 시간에는 가장 기본적인 것
두 가지만 소개해 보겠습니다.

젓가락으로 반찬 건네기 (わたしばし)

전세계 어느 나라나 식탁 예절은 존재하기 마련인데요, 특히 일본은 젓가락 사용법에 관한 금기가 매우 많습니다. 그 중에서도 꼭 주의해야 할 금기 행동은 바로 '젓가락으로 반찬을 건네거나 식사 도중 젓가락을 밥그릇 위로 가로질러 올리는 것'입니다. '이게 무슨 말이지?' 하시는 분도 계실 텐데요, 예를 들어 이런 상황입니다. 같이 식사하는 일본인 친구가 반찬을 넘겨 달라고 하면 절대로 젓가락으로 음식을 집어서 옮겨 주면 안 됩니다. 왜냐하면 일본의 장례식 관습 가운데, 유골을 놓고 서로의 젓가락

으로 집어서 옮기는 행위가 있기 때문입니다. 우리나라에서 밥에 숟가락을 수직으로 꽂는 행위가 금기시되는 것과 비슷하다고 보시면 됩니다. 일본인과 식사하실 기회가 있다면, 이 밖에도 어떤 젓가락 사용 매너가 있는지 미리 확인해 보는 것도 좋겠죠?

대중교통 이용 중에 전화하기

'절~대! 전화를 하면 안 된다!'라는 의미는 아니지만, 굉장히 보편적으로 자리 잡힌 에티켓입니다. 용건이 있어 일본 친구에게 전화하면, '지금 전철이야(今、電車だよ)' 등과 같은 착신 거절 메시지를 보내올 때가 많습니다.
그럼, 같이 전철을 탄 옆자리 친구와도 대화하면 안 될까요? 그렇지는 않습니다. 물론 너무 큰 소리로 타인에게 피해를 끼쳐서는 안 되겠지만, 주변에 방해를 주지 않는 범위 내에서 옆 사람과 대화하는 것은 괜찮습니다.

우리말을 참고하여 문장을 완성해 보세요.

① ちょっと _____。

좀 쉬어도 됩니까?

② 今日、少し 早く _____。

오늘 조금 빨리 돌아가도 됩니까?

③ ここで _____。

여기서 놀아도 됩니다.

④ ここに _____。

여기에 들어가지 마세요.

⑤ テストの 時 友だちと _____。

테스트 때 친구와 이야기해서는 안 됩니다.

⑥ 写真を _____。

사진을 찍어서는 안 됩니다.

⑦ 友だちと _____ 話します。

친구와 걸으면서 이야기합니다.

⑧ 音楽を _____ 仕事を します。

음악을 들으면서 일을 합니다.

먹어 본 적이 없어요.

과거를 나타내는 동사 **た**형을 배워 볼게요. 그리고 동사 **ます**형에 접속하는
「**〜やすい** ～하기 쉽다」, 「**〜にくい** ～하기 어렵다」의 표현도 함께 익혀 봅시다.

 Step 1　**배울 내용 미리 보기**

scene 1
혼자 여행을 한 적이 있나요?

scene 2
길을 잃은 적이 있어요

scene 3
술을 마신 적이 없어요

scene 4
아하! 이해하기 쉽군요
그래요? 저는 이해하기 어려운데…

오늘 배울 주요 표현이에요. 음성을 잘 듣고 소리 내어 따라 해 보세요.

track
163

한국에 온 적이 있습니까?

韓国<small>かんこく</small>に 来<small>き</small>た ことが ありますか。

혼자 산 적이 있습니다.

1人暮<small>ひとりぐ</small>らしを した ことが あります。

반려동물을 키운 적이 없습니다.

ペットを 飼<small>か</small>った ことが ないです。

글자가 커서 읽기 쉽습니다.

字<small>じ</small>が 大<small>おお</small>きくて 読<small>よ</small>みやすいです。

한자가 많아서 알기 어렵습니다.

漢字<small>かんじ</small>が 多<small>おお</small>くて わかりにくいです。

3주

Day 20

Words

来<small>き</small>た 왔다	~た ことが ある ~한 적이 있다	1人暮<small>ひとりぐ</small>らし 혼자 살기, 독립 생활
ペット 반려동물	飼<small>か</small>った 길렀다	字<small>じ</small> 글자
~やすい ~하기 쉽다	~にくい ~하기 어렵다	わかる 알다, 이해하다

225

먼저 동사 た형의 활용 형태를 익혀 봅시다. 동사 기본형을 た형으로 바꾸면 반말체의 과거형이 돼요. Day18의 て형을 잘 익혀 두었다면 た형은 외우기 쉬워요.

(track 164)

종류	기본형(반말)	た형(과거형, 반말)	
1그룹 1G	書^かく 쓰다	く → いた	書^かいた 썼다
	泳^{およ}ぐ 수영하다	ぐ → いだ	泳^{およ}いだ 수영했다
	会^あう 만나다	う → った	会^あった 만났다
	待^まつ 기다리다	つ → った	待^まった 기다렸다
	帰^{かえ}る 돌아가(오)다	る → った	帰^{かえ}った 돌아갔다, 돌아왔다
	死^しぬ 죽다	ぬ → んだ	死^しんだ 죽었다
	遊^{あそ}ぶ 놀다	ぶ → んだ	遊^{あそ}んだ 놀았다
	飲^のむ 마시다	む → んだ	飲^のんだ 마셨다
	話^{はな}す 말하다	す → した	話^{はな}した 이야기했다
	★行^いく 가다	く → った (예외)	行^いった 갔다
2그룹 2G	見^みる 보다	る + た	見^みた 봤다
	起^おきる 일어나다		起^おきた 일어났다
	食^たべる 먹다		食^たべた 먹었다
	寝^ねる 자다		寝^ねた 잤다
3그룹 3G	する 하다	2개뿐이고 불규칙하니 그냥 암기!	した 했다
	来^くる 오다		来^きた 왔다

(track 165)

韓国に 来た ことが ありますか。
한국에 온 적이 있습니까?

「～た(だ) ことが ありますか ~한 적이 있습니까?」는

과거 경험을 묻는 표현이에요.

1人で 旅行した ことが ありますか。
혼자 여행한 적이 있나요?

財布を 落とした ことが ありますか。
지갑을 잃어버린 적이 있나요?

富士山に 登った ことが ありますか。
후지산에 올라간 적이 있나요?

Words

財布 지갑

落とす 떨어뜨리다,
잃어버리다

富士山 후지산

登る 올라가다

(track 166)

1人暮らしを した ことが あります。
혼자 산 적이 있습니다.

「～た(だ) ことが あります ~한 적이 있습니다」로

다양한 경험을 말해 봅시다.

アメリカに 行った ことが あります。
미국에 간 적이 있어요.

日本の 小説を 読んだ ことが あります。
일본 소설을 읽은 적이 있어요.

道に 迷った ことが あります。
길을 잃은 적이 있어요.

Words

小説 소설

道 길

迷う 헤매다

道に 迷う 길을 잃다

3주

Day 20

227

(track 167)

ペットを 飼った ことが ないです。

반려동물을 키운 적이 없습니다.

「〜た(だ) ことが ないです ~한 적이 없습니다」를 넣어 말해 봅시다.
「〜た(だ) ことが ありません」을 쓰면 좀 더 격식 차린 표현이 돼요.

納豆を 食べた ことが ないです。

낫토를 먹은 적이 없어요.

彼に 会った ことが ないです。

그를 만난 적이 없어요.

そんな 話を 聞いた ことが ありません。

그런 이야기를 들은 적이 없습니다.

Words

納豆 낫토

そんな 그런

(track 168)

字が 大きくて 読みやすいです。

글자가 커서 읽기 쉽습니다.

「ます형 + やすい ~하기 쉽다」는 어떤 행동을 하기 쉽거나 좋을 때 쓰는 표현이에요.

この かばんは 持ちやすいです。

이 가방은 들고 다니기 좋아요.

先生の 説明は とても わかりやすいです。

선생님의 설명은 매우 알기 쉬워요.

この お酒は 甘くて 飲みやすいです。

이 술은 달아서 마시기 편해요.

Words

かばん 가방

持つ 들다

説明 설명

track 169

漢字が 多くて わかりにくいです。

한자가 많아서 알기 어렵습니다.

「ます형 + にくい ~하기 어렵다」는 어떤 행동을 하기 어렵거나 힘들 때
쓰는 표현이에요. 「~にくい」는 형용사와 활용 형태가 같기 때문에
과거형은 「~にくかった」가 됩니다.

この 車は 狭くて 乗りにくいです。

이 차는 좁아서 타기 어려워요.

話が 複雑で 説明しにくいです。

이야기가 복잡해서 설명하기 힘들어요.

地図を 見ても 友だちの 家は

わかりにくかったです。

지도를 봐도 친구 집은 알기 어려웠어요.

Words

狭い 좁다

複雑だ 복잡하다

地図 지도

3주

Day 20

229

❶ 보기 에 제시된 말을 문장에 맞게 고쳐 넣으세요.

보기
行_いく　　見_みる　　する

① すもうを ＿＿＿＿＿＿＿＿＿＿＿＿＿＿＿。　스모(일본 씨름)를 본 적이 있나요?

② 料理_{りょうり}を ＿＿＿＿＿＿＿＿＿＿＿＿＿＿＿。　요리를 한 적이 있나요?

③ 日本_{にほん}に ＿＿＿＿＿＿＿＿＿＿＿＿＿＿＿。　일본에 간 적이 있습니다.

❷ 보기 를 참고하여 문장을 완성해 보세요. (○ 긍정 / ✕ 부정)

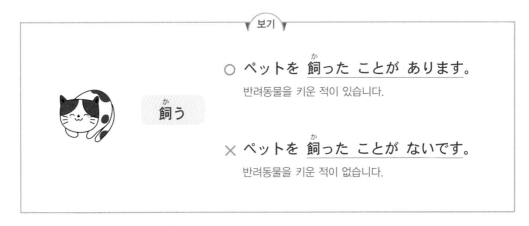

보기

飼_かう

○ ペットを 飼_かった ことが あります。
반려동물을 키운 적이 있습니다.

✕ ペットを 飼_かった ことが ないです。
반려동물을 키운 적이 없습니다.

① 話_{はな}す　○ アメリカ人_{じん}と ＿＿＿＿＿＿＿＿＿＿＿。
미국인과 이야기한 적이 있습니다.

② 会_あう　✕ 芸能人_{げいのうじん}に ＿＿＿＿＿＿＿＿＿＿＿。
연예인을 만난 적이 없습니다.

❸ ／보기＼를 참고하여 자연스러운 표현에 동그라미 하세요.

┌─────────────────────── ▼보기▼ ───────────────────────┐

　　　　この かばんは 軽くて 持ち（ やすい / にくい ）です。
　　　　　　　　　　　 かる　　　 も

└──┘

① 彼の 話は 難しくて わかり（ やすい / にくい ）です。
　 かれ はなし むずか

② この 本は 漢字が 多くて 読み（ やすい / にくい ）です。
　　　　 ほん　 かんじ　 おお　　 よ

③ 道が 広くて 歩き（ やすい / にくい ）です。
　 みち ひろ　　 ある

❹ 일본어를 잘 듣고 정확한 발음을 히라가나로 쓰고 뜻도 써 보세요.

① ⬚⬚⬚⬚　_____

② ⬚⬚⬚⬚　_____

③ ⬚⬚⬚　_____

track 171

ジウン

すみません。
仙台に 来た ことが ないので オススメを
教えて ください。

駅員

じゃあ、仙台の おいしい ものを 食べながら
市内を 歩く 体験ツアーは どうですか。

ジウン

それは 初めてでも わかりやすいですね。
どんな ものを 食べますか。

駅員

ずんだもちと、ささかまぼこ、牛タンの
お店に 行きます。

ジウン

わあ、食べた ことが ない もの ばかりですね。

駅員

仙台駅の 2階で もうしこみます。

Words

仙台 센다이	オススメ 추천, 권유	教える 가르치다, 알리다	市内 시내
体験 체험	ツアー 투어	初めてでも 처음이라도	どんな 어떤
ずんだもち 즌다모찌(떡)	ささかまぼこ 사사카마보코(어묵)	牛タン 규탕(우설)	~ばかり ~뿐
もうしこむ 신청하다			

지운　　저기요, 센다이에 와 본 적이 없는데 추천 좀 해 주세요.
역무원　　그럼, 센다이의 맛있는 음식을 먹으면서
　　　　시내를 걷는 체험 투어는 어떠세요?
지운　　그건 처음이라도 알기 쉽네요.
　　　　어떤 것을 먹나요?
역무원　　즌다모찌와 사사카마보코, 우설 가게로 갑니다.
지운　　와~ 먹어 본 적이 없는 것들뿐이네요.
역무원　　센다이 역 2층에서 신청합니다.

브레드와
おしゃべり

일본에서 가장 유용한 말 '스미마셍'

일본어를 공부할 때 기본적으로 배우는 표현 중의 하나가 '스미마셍(すみません)'입니다.
보통 '죄송합니다, 미안합니다'라는 사과의 의미로만 알고 계실 텐데요, 실제로는 여러 상황에서 다양하게 쓰입니다.
일본에서는 '스미마셍 하나로 통한다'라는 말이 있을 정도로 매우 활용도가 높으니 뉘앙스를 잘 익혀 두면 좋습니다.

1 가게에 들어가서 종업원을 부를 때 (저기요~)

처음 일본에 왔을 때, 놀랐던 기억이 나네요. '왜 종업원을 부를 때 미안하다고 하는 걸까?' 했었는데 지금 와서 보니 안내 혹은 서비스에 대한 예의를 표하는 뉘앙스가 포함된 말이었습니다.

2 좁은 길을 지나가거나 혹은 대중교통을 이용할 때 (지나갑니다~)

이 역에서 내려야 하는데, 이 길을 지나가야 하는데 사람들이 나를 보지 못하고 있다면? 그럴 때 '스미마셍'으로 조금 비켜 달라는 의미를 표현하면 됩니다.

3 호의를 받았을 때 (감사합니다~)

물론 '아리가또 고자이마스(ありがとうございます)'로 감사의 표시를 해도 됩니다. 뉘앙스를 보다 디테일하게 설명하자면, 상대방으로부터 전혀 예상치 못한 호의를 받았을 때 (혹은 예상치 못한 척을 해야 할 때) 주로 사용한다고 보면 됩니다. 예를 들어 볼게요. 일본에 있는 친구를 찾아가 함께 식사를 했는데, 멀리서 와 줘서 고맙다며 계산대 앞에서 일본인 친구가 밥값을 냅니다. 그럴 때 놀란 표정을 지으며 이렇게 말합니다. '에? 스미마셍! 아리가또 고자이마스(え、すみません！ありがとうございます)' 완벽한 표현입니다!

4 처음 보는 사람한테 말을 걸 때

처음 보는 낯선 환경에서 길을 찾을 때, 혹은 이자카야 같은 주점에서 친구를 만들고 싶은데 뭐라고 말을 먼저 걸어야 할지 모를 때, '스미마셍' 한 마디로 타인의 주목을 끌 수 있습니다.

すみません

우리말을 참고하여 문장을 완성해 보세요.

① しんかんせん
新幹線に _____ 。

신칸센을 탄 적이 있습니까?

② に ほん
日本で アルバイトを _____ 。

일본에서 아르바이트를 한 적이 있습니까?

③ ねこ
猫を _____ 。

고양이를 키운 적이 있습니다.

④ おきなわ
沖縄に _____ 。

오키나와에 간 적이 없습니다.

⑤ **この ケータイは** _____ 。

이 핸드폰은 사용하기 편합니다(좋습니다).

⑥ **あの ホテルは** _____ 。

저 호텔은 예약하기 쉽습니다.

⑦ じ ちい
字が 小さくて _____ 。

글자가 작아서 읽기 어렵습니다.

⑧ おも
この かばんは 重くて _____ 。

이 가방은 무거워서 들고 다니기 힘듭니다.

음성 듣기

모두 상냥했고, 밥도 맛있었어요.

동사 た형에 접속하여 여러 행동을 열거하는 「〜たり、〜たり ~하거나 ~하거나」와
모든 품사에 연결해서 쓸 수 있는 「〜し、〜し ~고, ~고」 문형을 배워 봅시다.

 Step 1 **배울 내용 미리 보기**

scene 1
게임을 하거나 TV 보는 것을 좋아해요

scene 2
한국과 일본을 왔다 갔다 했어요

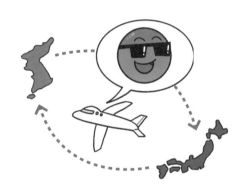

scene 3
내일 시험이고 일찍 가야 해서
오늘은 이만….

scene 4
도시락은 만들었고,
음료도 넣었고 준비는 끝났어요!

236

오늘 배울 주요 표현이에요. 음성을 잘 듣고 소리 내어 따라 해 보세요.

track
172

개와 산책하거나 놀거나 합니다.

犬と 散歩したり 遊んだり します。

화장실을 왔다 갔다 했습니다.

トイレを 行ったり 来たり しました。

역에 가깝고 슈퍼도 있어서 편리합니다.

駅に 近いし スーパーも あって 便利です。

숙제도 끝났고 좀 쉬고 싶어요.

宿題も 終わったし ちょっと 休みたいです。

3주

Day 21

Words

~たり(だり) ~たり(だり) ~하거나 ~하거나

~し ~고

行ったり 来たり 왔다 갔다

宿題 숙제

スーパー 슈퍼(마켓)

終わる 끝나다

237

(track 173)

犬と 散歩したり 遊んだり します。

개와 산책하거나 놀거나 합니다.

 동사 た형에「〜たり(だり)〜たり(だり) 〜하거나 〜하거나」를 붙이면
여러 종류의 행동이나 동작을 열거하는 표현이 돼요.

休みの 日は テニスを したり サッカーを したり します。

쉬는 날에는 테니스를 치거나 축구를 하거나 해요.

ゲームを したり テレビを 見たり するのが
好きです。

게임을 하거나 텔레비전을 보거나 하는 것을 좋아해요.

Words

テニス 테니스

サッカー 축구

(track 174)

トイレを 行ったり 来たり しました。

화장실을 왔다 갔다 했습니다.

 「〜たり(だり)〜たり(だり)」뒤에「しました」를 붙여서 과거의 일을
나열할 수도 있어요. 관용 표현처럼 짝이 되는 동사를 사용하는 경우도 많아요.

友だちと 新宿で 飲んだり 食べたり しました。

친구와 신주쿠에서 먹거나 마시거나 했어요.

梅雨の ころは 毎日 雨が 降ったり 止んだり
しました。

장마철에는 매일 비가 오락가락 했어요.

Words

梅雨 장마

ころ ~경, 무렵

止む 멈추다,
그치다

238

(track 175)

駅_{えき}に 近_{ちか}いし スーパーも あって 便利_{べんり}です。

역에 가깝고 슈퍼도 있어서 편리합니다.

「～し ～고」는 관련 있는 내용을 연결할 때 쓰는 표현으로 품사별 접속

형태에 주의하세요.

[명사 + だし / な형용사 어간 + だし / い형용사 + し / 동사 기본형 + し]

今日_{きょう}は 天気_{てんき}も いいし、休_{やす}みだし
遊_{あそ}びに 行_いきましょう。

오늘은 날씨도 좋고 휴일이니 놀러 갑시다.

この マンションは しずかだし、きれいです。

이 맨션은 조용하고 깨끗해요.

Words

マンション 맨션

しずかだ 조용하다

(track 176)

3주
Day 21

宿題_{しゅくだい}も 終_おわったし ちょっと 休_{やす}みたいです。

숙제도 끝났고 좀 쉬고 싶어요.

과거형(た형)에 「～し」를 연결하면 과거에 끝난 행동, 상태를

열거하거나 이유를 나타낼 때 써요.

昨日_{きのう}は 雨_{あめ}が 降_ふったし、寒_{さむ}かったし 家_{いえ}に いました。

어제는 비가 오고 춥기도 해서 집에 있었어요.

今日_{きょう}は ボーナスも 出_でたし、
今夜_{こんや}は 外食_{がいしょく}しましょう。

오늘은 보너스도 나왔으니 오늘 밤은 외식해요.

Words

ボーナス 보너스

出_でる 나가다. 나오다

今夜_{こんや} 오늘 밤

外食_{がいしょく}する 외식하다

239

1 다음 질문에 대해 우리말 뜻에 맞게 문장을 완성해 보세요.

Q 休みの日は 何を しますか。

① 聞く 読む

音楽を _____ 、本を _____ します。
음악을 듣거나 책을 읽거나 합니다.

② する 見る

ゲームを _____ 、映画を _____ します。
게임을 하거나 영화를 보거나 합니다.

③ 자유롭게 대답해 보세요.

_____ 。

2 보기 를 참고하여 문장을 완성해 보세요.

보기

行く 来る 仕事で、日本を 行ったり 来たり しました。
일(업무)로 일본을 왔다 갔다 했어요.

① 吹く 降る

きのうは 風が _____ 雨が _____ しました。
어제는 바람이 불거나 비가 오거나 했습니다.

② 飲む 歌う

友だちと お酒を _____ 、カラオケで _____ しました。
친구와 술을 마시거나 노래방에서 노래하거나 했습니다.

❸ 문장에 어울리는 그림을 고르세요.

a.

b.

c.

① この レストランは きれいだし、おいしいです。

② きょうは 天気（てんき）も いいし、宿題（しゅくだい）も ないし、遊（あそ）びに 行（い）きましょう。

③ 仕事（しごと）も 終（お）わったし、ちょっと 休（やす）みましょう。

❹ 일본어를 잘 듣고 정확한 발음을 히라가나로 쓰고 뜻도 써 보세요.

track 177

①

②

③

はるひ
ジウンさん！お帰りなさい。
日本一周は どうでしたか。

track
178

ジウン
とても 楽しい 時間でした。
おいしい ものを 食べたり、きれいな 景色を 見たりして。

はるひ
どこが 一番 よかったですか。

ジウン
1つ 選ぶ ことは 難しいです。
どこでも みんな 優しかったし、
ご飯も おいしかったし…。

はるひ
私、韓国に 行った ことが ないから
夏休みに 行きたいです。

ジウン
ぜひ 来て ください。 私が 案内します。

はるひ
じゃあ、2人の 旅行に 乾杯しましょう！

Words

一周 일주	楽しい 즐겁다	景色 경치	よかった 좋았다 (よい의 과거형)
選ぶ 고르다	どこでも 어디에서나	優しい 상냥하다	～から ～때문에
ぜひ 부디	案内する 안내하다	乾杯する 건배하다	

하루히   지운 씨! 어서 오세요. 일본 일주는 어땠어요?

지운   너무 즐거운 시간이었어요.

   맛있는 것을 먹기도 하고, 예쁜 경치를 보기도 하고.

하루히   어디가 제일 좋았어요?

지운   하나 고르기는 어려워요.

   어디서든 모두 상냥했고, 밥도 맛있었고….

하루히   저, 한국에 가 본 적이 없어서 여름 휴가에 가고 싶어요.

지운   꼭 오세요. 제가 안내할게요.

하루히   그럼, 두 사람의 여행에 건배합시다!

술을 즐기는 사람들을 위한 꿀팁!

일본 여행을 마치고 숙소에 돌아가기 전에 시원하게 한잔 하고 싶은 당신! 이자카야(いざかや、居酒屋)를 찾아 들어왔는데 메뉴판을 보니 너무 당황스러우시죠? 일본에서는 대부분 먹을 것(たべもの、食べ物)과 음료나 술(のみもの、飲み物)로 메뉴판이 구성되어 있는데, 음식 사진이 없는 경우가 많다 보니 주문하기도 쉽지 않으실 거예요. 그런 분들을 위해 대표적인 일본의 술 몇 가지 알려 드릴게요.

ビール 맥주

일본에서는 남녀노소 가리지 않고(물론 20세 이상) 우선 첫 잔은 맥주(ビール), 또는 생맥주(なまビール、生ビール)로 시작하는 경우가 많아요. '첫 잔은 (생)맥주부터 주세요' 하고 주문할 때는 이렇게 말해요. '토리아에즈, 비-루(とりあえず、ビール)', '토리아에즈 나마비-루(とりあえず、生ビール)', '토리아에즈 나마(とりあえず、生)'

サワー 사와 / チューハイ 츄하이

소주와 탄산수, 과일즙을 넣은 칵테일 종류입니다. 과일즙은 가게마다 차이가 있지만 주로 레몬, 자몽, 사과, 포도즙을 많이 사용해요. 달콤하고 상큼한 맛을 좋아하거나 술이 약한 분들에게 추천합니다.

日本酒 니혼슈(사케)

일본의 대표적인 술 '니혼슈'는 한국에서 마시면 가격이 매우 비싼 편이지만 일본에서는 그렇지 않습니다. 계절에 따라 술의 온도를 다르게 하여 마실 수 있기 때문에 방문하는 시기에 맞춰 맛있게 드시면 됩니다. 어떤 계절과 상관없이 상온으로 마시는 니혼슈가 '히야(ひや)'입니다. 여름에는 시원하게 '레-슈(れいしゅ、冷酒)', 날씨가 쌀쌀해지면 따뜻하게 데운 '아쯔깐(あつかん、熱かん)'이 좋습니다.

ハイボール 하이볼

한국에서도 최근 많이 보급되어 어느 정도 대중화된 술이지만 그 맛이 조금 다릅니다. 위스키에 탄산수를 탄 술인데 토닉워터를 주로 쓰는 한국과 달리 일본에서는 탄산수만을 사용합니다. 하이볼의 위스키 향이 조금 안 맞는 사람은 우롱차와 소주를 섞은 '우롱하이'를 주문하기도 합니다. 위스키와 색깔이 비슷해 보여 양주를 마시는 분위기를 낼 수 있습니다.

우리말을 참고하여 문장을 완성해 보세요.

❶ 図書館で 本を ＿＿＿＿＿ 宿題を ＿＿＿＿＿ します。

도서관에서 책을 읽거나 숙제를 하거나 합니다.

❷ バスは ホテルと 駅を ＿＿＿＿＿＿＿＿＿＿します。

버스는 호텔과 역을 왔다 갔다 합니다.

❸ 日曜日は 買い物を ＿＿＿＿＿ テレビを ＿＿＿＿＿ しました。

일요일은 쇼핑을 하거나 텔레비전을 보거나 했습니다.

❹ 漢字を ＿＿＿＿＿＿＿＿＿＿＿ しました。

한자를 쓰거나 읽거나 했습니다.

❺ この 店は ＿＿＿＿＿し、おいしいです。

이 가게는 싸고 맛있습니다.

❻ 山は ＿＿＿＿＿し、景色も ＿＿＿＿＿し、とても いいです。

산은 조용하고 경치도 예쁘고 무척 좋습니다.

❼ 彼は ＿＿＿＿＿＿＿＿＿＿＿＿し、お酒も 飲む。

그는 담배도 피우고 술도 마신다.

❽ 昨日は 田中さんも ＿＿＿＿＿し、山田さんも 来た。

어제는 다나카 씨도 왔고 야마다 씨도 왔다.

3주

Day 21

ゆうだい・けんと・せな・
あゆみ・ゆうし・はるひ・カズ
みんな ありがとう！

부록

💧 **품사별 활용표**

💧 **정답** (간단 실력 체크 + 마무리 체크)

품사별 활용표

품사	기본형	긍정	부정
명사	학생 がくせい 学生	학생입니다 がくせい 学生です	학생이 아닙니다 がくせい 学生じゃないです がくせい 学生じゃありません
	회사원 かいしゃいん 会社員	회사원입니다 かいしゃいん 会社員です	회사원이 아닙니다 かいしゃいん 会社員じゃないです かいしゃいん 会社員じゃありません
な형용사	좋아하다 す 好きだ	좋아합니다 す 好きです	좋아하지 않습니다 す 好きじゃないです す 好きじゃありません
	성실하다 まじめだ	성실합니다 まじめです	성실하지 않습니다 まじめじゃないです まじめじゃありません
い형용사	재미있다 おもしろい	재미있습니다 おもしろいです	재미있지 않습니다 おもしろくないです おもしろくありません
	좋다 いい	좋습니다 いいです	좋지 않습니다 よくないです よくありません

과거	과거 부정	명사 수식	연결, 이유
학생이었습니다 がくせい 学生でした	학생이 아니었습니다 がくせい 学生じゃなかったです がくせい 学生じゃありませんでした	학생인~, 학생의~ がくせい 学生の	학생이고 がくせい 学生で
회사원이었습니다 かいしゃいん 会社員でした	회사원이 아니었습니다 かいしゃいん 会社員じゃなかったです かいしゃいん 会社員じゃありませんでした	회사원인~, 회사원의~ かいしゃいん 会社員の	회사원이고 かいしゃいん 会社員で
좋아했습니다 す 好きでした	좋아하지 않았습니다 す 好きじゃなかったです す 好きじゃありませんでした	좋아하는~ す 好きな	좋아하고, 좋아해서 す 好きで
성실했습니다 まじめでした	성실하지 않았습니다 まじめじゃなかったです まじめじゃありませんでした	성실한~ まじめな	성실하고, 성실해서 まじめで
재미있었습니다 おもしろかったです	재미있지 않았습니다 おもしろくなかったです おもしろくありませんでした	재미있는~ おもしろい	재미있고, 재미있어서 おもしろくて
좋았습니다 よかったです	좋지 않았습니다 よくなかったです よくありませんでした	좋은~ いい	좋고, 좋아서 よくて

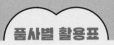

품사	기본형	긍정	부정	과거
동사 1그룹	만나다 あ 会う	만납니다 あ 会います	만나지 않습니다 あ 会いません	만났습니다 あ 会いました
	이야기하다 はな 話す	이야기합니다 はな 話します	이야기하지 않습니다 はな 話しません	이야기했습니다 はな 話しました
동사 2그룹	먹다 た 食べる	먹습니다 た 食べます	먹지 않습니다 た 食べません	먹었습니다 た 食べました
	보다 み 見る	봅니다 み 見ます	보지 않습니다 み 見ません	봤습니다 み 見ました
동사 3그룹	하다 する	합니다 します	하지 않습니다 しません	했습니다 しました
	오다 く 来る	옵니다 き 来ます	오지 않습니다 き 来ません	왔습니다 き 来ました

과거 부정	연결, 이유 (て형)	반말체 과거 (た형)	반말체 부정 (ない형)
만나지 않았습니다 あ 会いませんでした	만나고, 만나서 あ 会って	만났다 あ 会った	만나지 않는다 あ 会わない
이야기하지 않았습니다 はな 話しませんでした	이야기하고, 이야기해서 はな 話して	이야기했다 はな 話した	이야기하지 않는다 はな 話さない
먹지 않았습니다 た 食べませんでした	먹고, 먹어서 た 食べて	먹었다 た 食べた	먹지 않는다 た 食べない
보지 않았습니다 み 見ませんでした	보고, 봐서 み 見て	봤다 み 見た	보지 않는다 み 見ない
하지 않았습니다 しませんでした	하고, 해서 して	했다 した	하지 않는다 しない
오지 않았습니다 き 来ませんでした	오고, 와서 き 来て	왔다 き 来た	오지 않는다 こ 来ない

Day 02

❶ ① ですか
　② です
　③ じゃないです

❷ ① にほん / じゃないです
　② かいしゃいん / じゃないです

❸ ② **a.** アメリカ
　③ **b.** かのじょ

❹ ①

だ	い	が	く	せい

大학생

　②

と	う	きょう

도쿄

　③

せ	ん	せい

선생님

Day 03

❶ ① でした
　② じゃなかったですか
　③ でしたか

❷ ① じゃなかったです
　② でした

❸ ① **b.** びょういん
　② **a.** がくせい
　③ **b.** バイト

❹ ①

お	お	さ	か

오사카

　②

き	の	う

어제

　③

りゅう	う	が	く	せ	い

유학생

Day 04

❶ ① だれ
　② なん
　③ どこ

❷ ① それ
　② どれ
　③ あそこ
　④ こちら
　⑤ その
　⑥ どの

❸ ① **b.** ケータイ
　② **a.** こうえん
　③ **a.** デパート

❹ ①

ふ	じ	さ	ん

후지산

　②

と	も	だ	ち

친구

　③

に	ほ	ん	ご

일본어

Day 05

❶ ① なんじ
　② いつ
　③ なんようび

② ① テストは ろくがつ ついたちです。

② のみかいは きんようびです。

③ **A:** すいようび

　 B: にちようび

③ ① ごぜん じゅういちじ にじゅうよんぷん

② ごご さんじ じゅうななふん

③ ごご にじ ごじゅうごふん

④ ごぜん はちじ さんじゅっぷん /
　 ごぜん はちじ はん

④ ① | げ | つ | よ | う | び |
|---|---|---|---|---|

월요일

② | と | お | か |
|---|---|---|

10일

③ | ら | い | ね | ん |
|---|---|---|---|

내년

Day 06

❶ ① あります

② なんにんですか

③ います

❷ ① あります

② いません

❸ ① **a.** おじいさん

② **b.** ふたり

③ **a.** きょう

❹ ① | や | く | そ | く |
|---|---|---|---|

약속

② | きょ | う | だ | い |
|---|---|---|---|

형제

③ | お | と | う | さ | ん |
|---|---|---|---|---|

아버지

Day 07

❶ ① に / も

② から / まで

③ で

❷ ① くじから ごご じゅういちじまで
　 です

② げつようびから すいようびまで
　 / とおかから じゅうににちまで

❸ ① **a.** じてんしゃ

② **b.** しけん

③ **b.** きいろ

❹ ① | コ | ー | ヒ | ー |
|---|---|---|---|

커피

② | お | ん | せ | ん |
|---|---|---|---|

온천

③ | しゅ | っ | ぱ | つ |
|---|---|---|---|

출발

Day 08

❶ ① 有名^{ゆうめい}な

② 大変^{たいへん}じゃないですか

③ まじめです

253

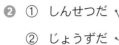
❷ ① しんせつだ ── **a.** すきだ
② じょうずだ ── **b.** ふべんだ
③ にぎやかだ ── **c.** へただ
④ べんりだ ── **d.** ふしんせつだ
⑤ きらいだ ── **e.** しずかだ

❸ ① **b.** しんせつだ
② **a.** べんりだ
③ **b.** きれいだ

❹ ① | お | な | じ | だ |
같다

② | ハ | ン | サ | ム | だ |
잘생기다

③ | じょ | う | ず | だ |
잘하다, 능숙하다

❶ ① 親切^{しんせつ}でしたか
② 大変^{たいへん}でした
③ ひまじゃなかったです

❷ ① ハンサムでした
② きれいじゃなかったです
③ にぎやかでした
④ しずかじゃなかったです

❸ ① **b.** きれいじゃない
② **a.** げんきだ
③ **b.** じょうずじゃない

❹ ① | じょ | う | ぶ | だ |
튼튼하다

② | た | い | せ | つ | だ |
소중하다

③ | す | て | き | だ |
멋지다, 근사하다

❶ ① 甘^{あま}くない
② 遠^{とお}いですか
③ よくないです

❷ ① おおきい ── **a.** おそい
② はやい ── **b.** とおい
③ おおい ── **c.** ちいさい
④ ちかい ── **d.** さむい
⑤ あつい ── **e.** すくない

❸ ① **b.** あまい
② **a.** たかい
③ **b.** つめたい

❹ ① | か | わ | い | い |
귀엽다

② | や | さ | し | い |
상냥하다, 쉽다

③ | い | そ | が | し | い |
바쁘다

❶ ① 難^{むずか}しくなかったです
② 忙^{いそが}しかったですか

③ 楽しかったです

❷ ① おいしくなかったです
② 遠くなかったです
③ 忙しかったです
④ 暑かったです

❸ ① **b.** おいしくない
② **a.** さむい
③ **a.** はやい

❹ ① | ラ | ン | チ |

런치, 점심

② | ス | ー | パ | ー |

슈퍼, 슈퍼마켓

③ | ほ | っ | か | い | ど | う |

홋카이도

Day 12

❶ ① やさしくて
② 親切で
③ 甘くて

❷ ① あの 店は 高いですが、おいしいです
② へやは 安くないですが、広いです
③ 日本語は 漢字が 多いですが、難しく
ないです

❸ ① **a.** あたたかい
② **b.** あつい
③ **b.** すずしい
④ **a.** さむい

❹ ① | お | か | し |

과자

② | こ | え |

목소리

③ | い | な | か |

시골

Day 13

❶ ① より / が
② が
③ から / の

❷ ① **a.**
② **b.**

❸ ① **a.** コンサート
② **a.** しゅっちょう
③ **b.** きゅうか

❹ ① | ス | ポ | ー | ツ |

스포츠

② | サ | ッ | カ | ー |

축구

③ | ノ | ー | ト | パ | ソ | コ | ン |

노트북 컴퓨터

Day 14

❶ ① ことが
② のは
③ 予定
④ 時が

❷ ① みる / 보다 / 2
② まつ / 기다리다 / 1
③ ねる / 자다 / 2
④ くる / 오다 / 3
⑤ はなす / 이야기하다 / 1

❸ ① **a.** おきる
② **a.** のむ
③ **b.** はしる

❹ ① | ひ | る | ご | は | ん |

점심밥

② | コ | ン | ビ | ニ |

편의점

③ | お | ん | が | く |

음악

Day 15

❶ ① 会いますか
② しませんか
③ 行きますか

❷ ① はなす / はなしません
② あそびます / あそびません
③ たべる / たべます
④ ねる / ねません
⑤ します / しません

❸ ① 飲みません
② 泳ぎます
③ 掃除を しません

❹ ① | ま | い | に | ち |

매일

② | こ | う | え | ん |

공원

③ | さ | ん | ぽ |

산책

Day 16

❶ ① 行きましたか
② 会いませんでしたか /
会わなかったですか
③ しました

❷ ① どんな
② どこに
③ 何を
④ だれと

❸ ① 見ました
② とりました
③ 降りませんでした / 降らなかったです

❹ ① | テ | レ | ビ |

TV, 텔레비전

② | く | す | り |

약

③ | は | る | や | す | み |

봄 방학

Day 17

❶ ① 待ちましょう
② とりましょう
③ 休みましょう

256

❷ ① **b.**
  ② **a.**
  ③ **d.**
  ④ **c.**

❸ ① 借りに 来ました
  ② 買いに 行きました
  ③ しに 行きましたか

❹ ①
あ	た	た	か	い

따뜻하다

  ②
い	っ	しょ	に

함께, 같이

  ③
ジュ	ー	ス

주스

Day 18

❶ ① 会って
  ② して
  ③ 見て います

❷ ① 洗って
  ② 本を 読んで 寝ました

❸ ① 飲んで ください
  ② 来て ください
  ③ 待って ください

❹ ①
い	た	い

아프다

  ②
ち	こ	く

지각

③
え	い	が

영화

Day 19

❶ ① 待っても いいですか
  ② 食べても いいですか
  ③ 入っても いいですか

❷ ① とらないで ください
  ② 入らないで ください
  ③ 飲まないで ください

❸ ① おかしを 食べながら
  ② 歩きながら

❹ ①
しゅ	く	だ	い

숙제

  ②
びょ	う	い	ん

병원

  ③
う	ん	て	ん

운전

Day 20

❶ ① 見た ことが ありますか
  ② した ことが ありますか
  ③ 行った ことが あります

❷ ① 話した ことが あります
  ② 会った ことが ないです /
    会った ことが ありません

257

❸ ① にくい
　 ② にくい
　 ③ やすい

❹ ① | な | っ | と | う |
| --- | --- | --- | --- |

　 낫토

　 ② | せ | つ | め | い |
| --- | --- | --- | --- |

　 설명

　 ③ | さ | い | ふ |
| --- | --- | --- |

　 지갑

Day 21

❶ ① 聞いたり / 読んだり
　 ② したり / 見たり

❷ ① 吹いたり / 降ったり
　 ② 飲んだり / 歌ったり

❸ ① b.
　 ② c.
　 ③ a.

❹ ① | よ | や | く |
| --- | --- | --- |

　 예약

　 ② | ボ | ー | ナ | ス |
| --- | --- | --- | --- |

　 보너스

　 ③ | の | み | も | の |
| --- | --- | --- | --- |

　 마실 것, 음료

Day 02

1. わたしは かんこくじんです。
2. かれは せんせいです。
3. キムさんは だいがくせいですか。
4. ここは がっこうですか。
5. かのじょは にほんじんじゃないです。
6. きょうは どようびじゃないです。
7. あの ひとは さとうさんじゃないですか。
8. あそこは ぎんこうじゃないですか。

Day 03

1. あそこは がっこうでした。
2. あの ひとは せんせいでした。
3. きのうは やすみでしたか。
4. ホテルは とうきょうでしたか。
5. あさごはんは パンじゃなかったです。
6. かれは かいしゃいんじゃなかったです。
7. ハンさんは がくせいじゃなかったですか。
8. ここは むかし ほんやじゃなかったですか。

Day 04

1. これは ケータイです。
2. それは ゆうだいさんの ほんですか。
3. たなかさんの ノートは どれですか。
4. あそこは デパートです。
5. ぎんこうは どこですか。
6. がっこうは こちらです。
7. その ほんは にほんごの ほんですか。
8. あの ひとは ともだちですか。

Day 05

1. いま なんじですか。
2. じゅうにじ はんです。
3. きょうは なんがつ なんにちですか。
4. さんがつ じゅうよっかです。
5. (お)たんじょうびは いつですか。
6. にがつ みっかです。
7. のみかいは なんようびですか。
8. こんしゅうの すいようびです。

Day 06

1. かぞくは なんにんですか。
2. がくせいは ぜんぶで じゅうにんです。
3. いもうとが ひとり います。
4. おとうとは がっこうに いません / いないです。
5. ねこは どこに いますか。
6. あした、やくそくが あります。
7. にわに はなが あります。
8. あにの しゃしんは ありません / ないです。

Day 07

1. げつようびから すいようびまで しけんです。
2. アルバイトは ごじから はちじまでです。
3. ここは ぎんこうで あそこが デパートです。
4. かいしゃで テストが あります。
5. へやに エアコンも あります。
6. あさ、はこねに しゅっぱつです。

259

⑦ コーヒーや おちゃが あります。

⑧ たなかさんは にほんごの せんせいです。

Day 08

① 東京の 電車は 不便ですか。

② いいえ、不便じゃないです。

③ おこのみやきは 好きですか。

④ はい、好きです。

⑤ しごとは 大変じゃないですか。

⑥ いいえ、大変じゃないです。

⑦ きれいな ホテル

⑧ 同じ なまえ

Day 09

① 試験は 簡単でしたか。

② はい、簡単でした。

③ 先週は ひまでしたか。

④ いいえ、ひまじゃなかったです。

⑤ 図書館は しずかでしたか。

⑥ はい、とても しずかでした。

⑦ 電車は 不便じゃなかったですか。

⑧ いや、本当に 便利でした。

Day 10

① 家から 学校まで 遠いですか。

② いいえ、近いです。

③ キムチは 辛くないですか。

④ いいえ、あまり 辛くないです。

⑤ ゆうだいさんは やさしいですか。

⑥ はい、とても やさしい 人です。

⑦ その ケータイは 高いですか。

⑧ いいえ、そんなに 高くないです。

Day 11

① デパートは 人が 多くなかったですか。

② 朝は 人が 少なかったです。

③ きのうは 忙しかったですか。

④ はい、少し 忙しかったです。

⑤ かばんは 重くなかったですか。

⑥ あまり 重くなかったです。

⑦ 日本の 旅行は 楽しかったですか。

⑧ はい、とても 楽しかったです。

Day 12

① あの 人は 親切で まじめです。

② ゆうだいさんは ハンサムで おもしろいです。

③ あの 店は きれいで 安いです。

④ ケーキは 甘くて おいしいです。

⑤ 日本語は 漢字が 多くて 難しいです。

⑥ 友だちの 家は 広くて いいです。

⑦ あの レストランは 高いですが おいしいです。

⑧ ピアノは 上手じゃないですが 好きです。

❶ 映画が 好きです。

❷ 私は まじめな 人が 好きです。

❸ 新しい ケータイが ほしいです。

❹ 何が 一番 ほしいですか。

❺ 日曜日は 母と 買い物の 予定です。

❻ 午後は コンビニで アルバイトの 予定
です。

❼ 英語と 日本語と どちら(どっち)が おも
しろいですか。

❽ 犬と 猫と どちら(どっち)が 好きですか。

Day 14

❶ 自転車で 行く のは あぶないです。

❷ みんなと 遊ぶ のは おもしろいです。

❸ この きっぷで 電車に 乗る ことが でき
ます。

❹ 海で 泳ぐ ことが できます。

❺ 本を 読む 時は 図書館に 行く。

❻ ごはんを 食べる 時は テレビを 見る。

❼ 明日は アルバイトを する 予定です。

❽ 日曜日は 友だちと 会う 予定です。

Day 15

❶ パンは コンビニで 買いますか。

❷ 朝は 何時に 起きますか。

❸ 毎日 公園を 散歩します。

❹ 英語の 本を 読みます。

❺ 土曜日は 学生が 来ません。

❻ 朝は 食事を しません。

❼ カフェで コーヒーを 飲みませんか。

❽ いっしょに 映画を 見ませんか。

Day 16

❶ 午後は 図書館に いましたか。

❷ 学校で 田中さんに 会いましたか。

❸ 家で ケーキを 作りました。

❹ 先週、友だちと パーティーを しました。

❺ 朝、コーヒーを 飲みませんでしたか。

❻ 学校で 先生と 話しませんでしたか。

❼ ここには だれも 来ませんでした。

❽ 昨日は お酒を 飲みませんでした。

Day 17

❶ 早く 家に 帰りましょう。

❷ ここで 写真を とりましょうか。

❸ 甘い ものが 食べたいです。

❹ 新しい ケータイが 買いたいです。

❺ 友だちが 家に 遊びに 来ます。

❻ 午後、せなさんが 本を 借りに 来ます。

❼ 昼ごはんを 食べに 行きます。

❽ お酒を 飲みに 行きました。

Day 18

❶ 友だちに 会って お茶を 飲みました。

❷ ご飯を 食べて 薬を 飲みました。

❸ 風邪を ひいて アルバイトを 休みました。

❹ 会議が あって 早く 会社に 行きました。

❺ ここに おなまえを 書いて ください。

❻ ちょっと 電話を 貸して ください。

❼ 日本料理を 作って います。

❽ 本を 読んで います。

Day 19

❶ ちょっと 休んでも いいですか。

❷ 今日、少し 早く 帰っても いいですか。

❸ ここで 遊んでも いいです。

❹ ここに 入らないで ください。

❺ テストの 時 友だちと 話しては いけません。

❻ 写真を とっては いけません。

❼ 友だちと 歩きながら 話します。

❽ 音楽を 聞きながら 仕事を します。

Day 20

❶ 新幹線に 乗った ことが ありますか。

❷ 日本で アルバイトを した ことが ありますか。

❸ 猫を 飼った ことが あります。

❹ 沖縄に 行った ことが ありません。

❺ この ケータイは 使いやすいです。

❻ あの ホテルは 予約しやすいです。

❼ 字が 小さくて 読みにくいです。

❽ この かばんは 重くて 持ちにくいです。

Day 21

❶ 図書館で 本を 読んだり 宿題を したり します。

❷ バスは ホテルと 駅を 行ったり 来たり します。

❸ 日曜日は 買い物を したり テレビを 見たり しました。

❹ 漢字を 書いたり 読んだり しました。

❺ この 店は 安いし、おいしいです。

❻ 山は しずかだし、景色も きれいだし、とても いいです。

❼ 彼は タバコも 吸うし、お酒も 飲む。

❽ 昨日は 田中さんも 来たし、山田さんも 来た。

초판발행	2022년 7월 22일
1판 4쇄	2023년 12월 29일

저자	브레드쿤(김형식)
편집	조은형, 김성은, 오은정, 무라야마 토시오
펴낸이	엄태상
디자인	권진희
일러스트	박지해
조판	권진희, 이서영
콘텐츠 제작	김선웅, 명선효, 장형진
마케팅	이승욱, 왕성석, 노원준, 조성민, 이선민
경영기획	조성근, 최성훈, 김다미, 최수진, 오희연
물류	정종진, 윤덕현, 신승진, 구윤주

펴낸곳	시사일본어사(시사북스)
주소	서울시 종로구 자하문로 300 시사빌딩
주문 및 교재 문의	1588-1582
팩스	0502-989-9592
홈페이지	www.sisabooks.com
이메일	book_japanese@sisadream.com
등록일자	1977년 12월 24일
등록번호	제 300-2014-92호

ISBN 978-89-402-9347-8 (13730)

브랜드로 굿과

지금 바로
일본어

쓰기노트

히라가나 + 가타카나

시사일본어사

'청음'은 맑은 소리라는 뜻으로, 탁점이나 반탁점이 없이 오십음도의 발음 그대로 읽히는 글자를 말합니다. 「あ」행은 일본어의 기본 모음이며, 한국어의 '아·이·우·에·오' 발음과 비슷합니다. 단, 「う」발음에 주의하세요. '우'와 '으'의 중간 발음으로 입술에 힘을 빼고 '으'에 가깝게 소리냅니다.

	あ	あ	あ
あ [ɑ] 아			
い [i] 이	い	い	
う [u] 우	う	う	
え [e] 에	え	え	
お [o] 오	お	お	

 **か**행

「か」행은 한국어의 'ㄱ'과 'ㅋ'의 중간 발음이지만, 단어의 첫 글자로 나올 때는 'ㅋ'에 가깝게, 단어 중간이나 끝에 올 때는 'ㄲ'으로 읽는 것이 일본어 발음에 가깝습니다.

か	か [ka] 카	か	か	
き	き [ki] 키	き	き	
く	く [ku] 쿠	く	く	
け	け [ke] 케	け	け	
こ	こ [ko] 코	こ	こ	

「さ」행은 한국어의 '사·시·스·세·소' 발음과 비슷합니다. 단, 「す」 발음에 주의하세요. '스' 와 '수'의 중간 발음으로 입모양을 튀어나오게 하지 말고 소리내 보세요.

さ	さ [sɑ] 사	さ	さ		
し	し [shi] 시	し	し		
す	す [su] 스	す	す		
せ	せ [se] 세	せ	せ		
そ	そ [so] 소	そ	そ		

「た」행은 '타·티·투·테·토'가 아닙니다. 헷갈리지 마세요. 「ち」와 「つ」는 우리말의 '치', '츠'에 가깝고요, 「た·て·と」는 단어 첫 글자에서는 'ㅌ'에 가깝고, 단어 중간이나 끝에 있으면 'ㄸ'에 가깝게 발음합니다.

	た	た	た		
	[ta] 타				
	ち	ち	ち		
	[chi] 치				
	つ	つ	つ		
	[tsu] 츠				
	て	て	て		
	[te] 테				
	と	と	と		
	[to] 토				

「な」행은 한국어의 '나·니·누·네·노' 발음과 비슷합니다. 단, 「ぬ」 발음에 주의하세요. '누' 와 '느'의 중간 발음으로 입모양을 튀어나오게 하지 말고 '누'라고 소리냅니다.

	な [na] 나	な	な		
	に [ni] 니	に	に		
	ぬ [nu] 누	ぬ	ぬ		
	ね [ne] 네	ね	ね		
	の [no] 노	の	の		

「は」행은 한국어의 '하·히·후·헤·호' 발음과 비슷합니다. 「ひ」는 입술을 옆으로 당겨 발음하고, 「ふ」를 발음할 때는 입술을 너무 둥글리지 말고 약간 평평한 상태에서 소리내야 합니다.

は [ha] 하	は	は
ひ [hi] 히	ひ	ひ
ふ [fu] 후	ふ	ふ
へ [he] 헤	へ	へ
ほ [ho] 호	ほ	ほ

히라가나 청음

「ま」행은 한국어의 '마·미·무·메·모' 발음과 비슷합니다. 「む」는 한국어의 '무'라고 발음하기 보다는 '무'와 '므'의 중간 발음이라고 생각하면서 소리내 보세요.

ま	ま [ma] 마	ま	ま		
み	み [mi] 미	み	み		
む	む [mu] 무	む	む		
め	め [me] 메	め	め		
も	も [mo] 모	も	も		

「や」행은 한국어의 '야·유·요' 발음과 비슷합니다.

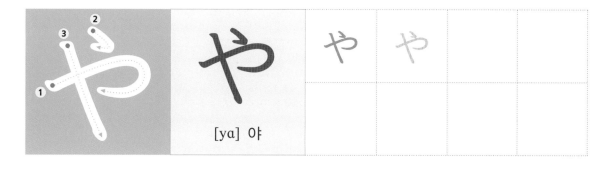

[ya] 야

[yu] 유

[yo] 요

「ら」행은 한국어의 '라·리·루·레·로' 발음과 비슷합니다. 「る」와 「ろ」는 생김새가 비슷하니 구분해서 기억해야 해요. 일본어 동사에는 「る」로 끝나는 단어들이 많습니다.

ら	ら [ra] 라	ら ら
り	り [ri] 리	り り
る	る [ru] 루	る る
れ	れ [re] 레	れ れ
ろ	ろ [ro] 로	ろ ろ

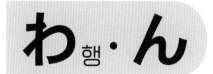

「わ」와 「を」의 발음은 한국어의 '와·오'와 비슷합니다. 「を」는 조사로만 쓰이며 「あ」행의 「お」와 발음이 같습니다. 「ん」은 한국어의 ㅁ, ㄴ, ㅇ 받침과 비슷하게 발음합니다.

[wa] 와

[o] 오

[n] 응

 **ア** 행

「ア」행은 일본어의 기본 모음이며, 한국어의 '아·이·우·에·오' 발음과 비슷합니다. 단, 「ウ」발음에 주의하세요. '우'와 '으'의 중간 발음으로 입술에 힘을 빼고 '으'에 가깝게 소리냅니다.

ア	ア [a] 아	ア	ア		
イ	イ [i] 이	イ	イ		
ウ	ウ [u] 우	ウ	ウ		
エ	エ [e] 에	エ	エ		
オ	オ [o] 오	オ	オ		

「カ」행은 한국어의 'ㄱ'과 'ㅋ'의 중간 발음이지만, 단어의 첫 글자로 나올 때는 'ㅋ'에 가깝게, 단어 중간이나 끝에 올 때는 'ㄲ'으로 읽는 것이 일본어 발음에 가깝습니다.

	カ	カ	カ		
	[kɑ] 카				
	キ	キ	キ		
	[ki] 키				
	ク	ク	ク		
	[ku] 쿠				
	ケ	ケ	ケ		
	[ke] 케				
	コ	コ	コ		
	[ko] 코				

가타카나 청음

 **サ**행

「サ」행은 한국어의 '사·시·스·세·소' 발음과 비슷합니다. 단, 「ス」 발음에 주의하세요. '스' 와 '수'의 중간 발음으로 입모양을 튀어나오게 하지 말고 소리내 보세요.

サ	サ [sɑ] 사	サ	サ
シ	シ [shi] 시	シ	シ
ス	ス [su] 스	ス	ス
セ	セ [se] 세	セ	セ
ソ	ソ [so] 소	ソ	ソ

14

「タ」행은 '타·티·투·테·토'가 아닙니다. 헷갈리지 마세요. 「チ」와 「ツ」는 우리말의 '치', '츠'에 가깝고요. 「タ·テ·ト」는 단어 첫 글자에서는 'ㅌ'에 가깝고, 단어 중간이나 끝에 있으면 'ㄸ'에 가깝게 발음합니다.

タ	タ [ta] 타	タ	タ
チ	チ [chi] 치	チ	チ
ツ	ツ [tsu] 츠	ツ	ツ
テ	テ [te] 테	テ	テ
ト	ト [to] 토	ト	ト

「ナ」행은 한국어의 '나·니·누·네·노' 발음과 비슷합니다. 단, 「ヌ」발음에 주의하세요. '누'와 '느'의 중간 발음으로 입모양을 튀어나오게 하지 말고 '누'라고 소리냅니다.

	ナ	ナ	ナ		
	[na] 나				
	二	二	二		
	[ni] 니				
	ヌ	ヌ	ヌ		
	[nu] 누				
	ネ	ネ	ネ		
	[ne] 네				
	ノ	ノ	ノ		
	[no] 노				

「ハ」행은 한국어의 '하·히·후·헤·호' 발음과 비슷합니다. 「ヒ」는 입술을 옆으로 당겨 발음하고, 「フ」를 발음할 때는 입술을 너무 둥글리지 말고 약간 평평한 상태에서 소리내야 합니다.

ハ [ha] 하	ハ	ハ		
ヒ [hi] 히	ヒ	ヒ		
フ [fu] 후	フ	フ		
ヘ [he] 헤	ヘ	ヘ		
ホ [ho] 호	ホ	ホ		

가타카나 청음

「マ」행은 한국어의 '마·미·무·메·모' 발음과 비슷합니다.「ム」는 한국어의 '무'라고 발음하기 보다는 '무'와 '므'의 중간 발음이라고 생각하면서 소리내 보세요.

マ	マ [mɑ] 마	マ	マ		
ミ	ミ [mi] 미	ミ	ミ		
ム	ム [mu] 무	ム	ム		
メ	メ [me] 메	メ	メ		
モ	モ [mo] 모	モ	モ		

「ヤ」행은 한국어의 '야·유·요' 발음과 비슷합니다.

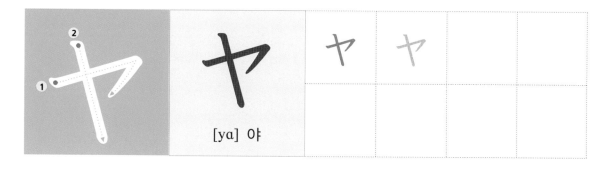

[ya] 야

[yu] 유

[yo] 요

「ラ」행은 한국어의 '라·리·루·레·로' 발음과 비슷합니다. 「リ」는 히라가나 「り」와 생김새가 비슷하니 구분해서 기억해야 해요.

ラ	ラ	ラ	ラ		
	[ra] 라				
リ	リ	リ	リ		
	[ri] 리				
ル	ル	ル	ル		
	[ru] 루				
レ	レ	レ	レ		
	[re] 레				
ロ	ロ	ロ	ロ		
	[ro] 로				

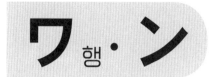

「ワ」와「ヲ」의 발음은 한국어의 '와·오'와 비슷합니다. 「ヲ」는 거의 쓰이지 않으며 발음이 같은 「オ」를 주로 사용합니다. 「ン」은 한국어의 ㅁ, ㄴ, ㅇ 받침과 비슷하게 발음합니다.

ワ　[wɑ] 와

ヲ　[o] 오

ン　[n] 응

が행

'탁음'은 글자의 오른쪽 위에 탁점(゛)이 붙은 것으로 「か」, 「さ」, 「た」, 「は」 행에서만 나타납니다. 탁음의 「が」 행은 한국어의 '가·기·구·게·고', 영어의 [g] 발음과 비슷합니다. 획순은 청음과 같으며, 탁점을 왼쪽부터 차례로 쓰면 됩니다.

	が	が	が		
が	[ga] 가				
ぎ	ぎ	ぎ	ぎ		
	[gi] 기				
ぐ	ぐ	ぐ	ぐ		
	[gu] 구				
げ	げ	げ	げ		
	[ge] 게				
ご	ご	ご	ご		
	[go] 고				

ざ 행

탁음의 「ざ」행은 영어의 [z] 발음으로 한국인에게는 조금 어려운 발음입니다. 「ず」는 영어로는 발음을 [zu]로 표기하지만, '주'가 아니라 '즈'로 발음해야 합니다.

ざ	ざ [za] 자	ざ	ざ		
じ	じ [ji] 지	じ	じ		
ず	ず [zu] 즈	ず	ず		
ぜ	ぜ [ze] 제	ぜ	ぜ		
ぞ	ぞ [zo] 조	ぞ	ぞ		

탁음의 「だ」행의 「だ·で·ど」는 영어의 [d] 발음이며, 「ぢ·づ」는 「じ·ず」와 발음이 같습니다.

だ	だ [da] 다	だ	だ	
ぢ	ぢ [ji] 지	ぢ	ぢ	
づ	づ [zu] 즈	づ	づ	
で	で [de] 데	で	で	
ど	ど [do] 도	ど	ど	

탁음의 「ば」행은 한국어의 '바·비·부·베·보'와 비슷한 발음이지만, 영어의 [b]와 같이 목의 성대를 울려서 내는 발음입니다.

ば	ば [ba] 바	ば ば	
び	び [bi] 비	び び	
ぶ	ぶ [bu] 부	ぶ ぶ	
べ	べ [be] 베	べ べ	
ぼ	ぼ [bo] 보	ぼ ぼ	

'반탁음'은 글자의 오른쪽 위에 반탁점(˚)이 붙은 것입니다. 반탁음은 「は」행에서만 나타납니다. 영어의 [p] 발음과 비슷하며, 한국어의 '파·피·푸·페·포'와 '빠·삐·뿌·뻬·뽀'의 중간음 정도입니다. 획순은 청음과 같으며, 반탁점을 다음과 같이 쓰면 됩니다.

ぱ	ぱ	ぱ	ぱ		
[pa] 파					
ぴ	ぴ	ぴ	ぴ		
[pi] 피					
ぷ	ぷ	ぷ	ぷ		
[pu] 푸					
ぺ	ぺ	ぺ	ぺ		
[pe] 페					
ぽ	ぽ	ぽ	ぽ		
[po] 포					

모양이 비슷하여 혼동하기 쉬운 글자에 주의해야 합니다. 한 글자 때문에 단어의 의미가 바뀌거나 일본어에 없는 말이 될 수 있으니 주의합시다.

あ	あ	
お	お	

い	い	
り	り	

き	き	
さ	さ	

ち	ち	
ら	ら	

は	は	
ほ	ほ	

ぬ	ぬ	
め	め	

る	る	
ろ	ろ	

ね	ね	
れ	れ	
わ	わ	

가타카나의 탁음도 「カ」, 「サ」, 「タ」, 「ハ」 행에서만 나타납니다. 탁음의 「ガ」 행은 한국어의 '가·기·구·게·고', 영어의 [g] 발음과 비슷합니다.

ガ	ガ [gɑ] 가	ガ	ガ	
ギ	ギ [gi] 기	ギ	ギ	
グ	グ [gu] 구	グ	グ	
ゲ	ゲ [ge] 게	ゲ	ゲ	
ゴ	ゴ [go] 고	ゴ	ゴ	

탁음의 「ザ」행은 영어의 [z] 발음으로 한국인에게는 조금 어려운 발음입니다. 「ズ」는 영어로는 발음을 [zu]로 표기하지만, '주'가 아니라 '즈'로 발음해야 합니다.

ザ	ザ	ザ ザ	
	[za] 자		
ジ	ジ	ジ ジ	
	[ji] 지		
ズ	ズ	ズ ズ	
	[zu] 즈		
ゼ	ゼ	ゼ ゼ	
	[ze] 제		
ゾ	ゾ	ゾ ゾ	
	[zo] 조		

탁음의 「ダ」행의 「ダ · デ · ド」는 영어의 [d] 발음이며, 「ヂ · ツ」는 거의 쓰이는 일이 없고, 발음이 같은 「ジ · ズ」를 주로 사용합니다.

ダ	ダ [da] 다	ダ	ダ		
ヂ	ヂ [ji] 지	ヂ	ヂ		
ツ	ツ [zu] 즈	ツ	ツ		
デ	デ [de] 데	デ	デ		
ド	ド [do] 도	ド	ド		

탁음의 「バ」 행은 한국어의 '바·비·부·베·보'와 비슷한 발음이지만, 영어의 [b]와 같이 목의 성대를 울려서 내는 발음입니다.

バ	バ [ba] 바	バ	バ
ビ	ビ [bi] 비	ビ	ビ
ブ	ブ [bu] 부	ブ	ブ
ベ	ベ [be] 베	ベ	ベ
ボ	ボ [bo] 보	ボ	ボ

반탁음은 「パ」행에서만 나타납니다. 영어의 [p] 발음과 비슷하며, 한국어의 '파·피·푸·페·포'와 '빠·삐·뿌·뻬·뽀'의 중간음 정도입니다.

パ	パ	パ パ
	[pa] 파	
ピ	ピ	ピ ピ
	[pi] 피	
プ	プ	プ プ
	[pu] 푸	
ペ	ペ	ペ ペ
	[pe] 페	
ポ	ポ	ポ ポ
	[po] 포	

모양이 비슷하여 혼동하기 쉬운 글자에 주의해야 합니다. 한 글자 때문에 단어의 의미가 바뀌거나 일본어에 없는 말이 될 수 있으니 주의합시다.

オ	オ		
ネ	ネ		

ク	ク		
ケ	ケ		

コ	コ		
ユ	ユ		

シ	シ		
ツ	ツ		

ソ	ソ		
ン	ン		

ホ	ホ		
モ	モ		

メ	メ		
ヌ	ヌ		

ラ	ラ		
ヲ	ヲ		

「き·ぎ·し·じ·ち·に·ひ·び·ぴ·み·り」 뒤에 반모음인 「や·ゆ·よ」를 작게
써서 한 글자처럼 한 박자로 발음되는 것을 요음이라고 합니다.

きゃ [kya] 캬	きゅ [kyu] 큐	きょ [kyo] 쿄
きゃ　きゃ	きゅ　きゅ	きょ　きょ

ぎゃ [gya] 갸	ぎゅ [gyu] 규	ぎょ [gyo] 교
ぎゃ　ぎゃ	ぎゅ　ぎゅ	ぎょ　ぎょ

しゃ [sha] 샤	しゅ [shu] 슈	しょ [sho] 쇼
しゃ　しゃ	しゅ　しゅ	しょ　しょ

じゃ [ja] 쟈	じゅ [ju] 쥬	じょ [jo] 죠
じゃ　じゃ	じゅ　じゅ	じょ　じょ

ちゃ [cha] 챠	ちゅ [chu] 츄	ちょ [cho] 쵸
ちゃ　ちゃ	ちゅ　ちゅ	ちょ　ちょ

にゃ	にゅ	によ
[nya] 냐	[nyu] 뉴	[nyo] 뇨
にゃ　にゃ	にゅ　にゅ	によ　によ

ひゃ	ひゅ	ひょ
[hya] 햐	[hyu] 휴	[hyo] 효
ひゃ　ひゃ	ひゅ　ひゅ	ひょ　ひょ

びゃ	びゅ	びょ
[bya] 뱌	[byu] 뷰	[byo] 뵤
びゃ　びゃ	びゅ　びゅ	びょ　びょ

ぴゃ	ぴゅ	ぴょ
[pya] 퍄	[pyu] 퓨	[pyo] 표
ぴゃ　ぴゃ	ぴゅ　ぴゅ	ぴょ　ぴょ

みゃ	みゅ	みょ
[mya] 먀	[myu] 뮤	[myo] 묘
みゃ　みゃ	みゅ　みゅ	みょ　みょ

りゃ	りゅ	りょ
[rya] 랴	[ryu] 류	[ryo] 료
りゃ　りゃ	りゅ　りゅ	りょ　りょ

가타카나의 요음 역시 「キ・ギ・シ・ジ・チ・ニ・ヒ・ビ・ピ・ミ・リ」 뒤에 반모음인 「ヤ・ユ・ヨ」를 작게 써서 한 글자처럼 한 박자로 발음합니다.

キャ		キュ		キョ	
[kya] 캬		[kyu] 큐		[kyo] 쿄	
キャ	キャ	キュ	キュ	キョ	キョ

ギャ		ギュ		ギョ	
[gya] 갸		[gyu] 규		[gyo] 교	
ギャ	ギャ	ギュ	ギュ	ギョ	ギョ

シャ	シュ	ショ
[sha] 샤	[shu] 슈	[sho] 쇼
シャ シャ	シュ シュ	ショ ショ

ジャ	ジュ	ジョ
[ja] 쟈	[ju] 쥬	[jo] 죠
ジャ ジャ	ジュ ジュ	ジョ ジョ

チャ	チュ	チョ
[cha] 챠	[chu] 츄	[cho] 쵸
チャ チャ	チュ チュ	チョ チョ

ニャ	ニュ	ニョ
[nya] 냐	[nyu] 뉴	[nyo] 뇨
ニャ ニャ	ニュ ニュ	ニョ ニョ

ヒャ	ヒュ	ヒョ
[hya] 햐	[hyu] 휴	[hyo] 효
ヒャ ヒャ	ヒュ ヒュ	ヒョ ヒョ

ビャ	ビュ	ビョ
[bya] 뱌	[byu] 뷰	[byo] 뵤
ビャ ビャ	ビュ ビュ	ビョ ビョ

ピャ	ピュ	ピョ
[pya] 퍄	[pyu] 퓨	[pyo] 표
ピャ ピャ	ピュ ピュ	ピョ ピョ

ミャ	ミュ	ミョ
[mya] 먀	[myu] 뮤	[myo] 묘
ミャ ミャ	ミュ ミュ	ミョ ミョ

リャ	リュ	リョ
[rya] 랴	[ryu] 류	[ryo] 료
リャ リャ	リュ リュ	リョ リョ

브랜드 큥과

지금 바로
일본어

JLPT N5
모의고사

시사일본어사

JLPTって何?

3주 동안 열심히 일본어를 공부했는데, 다음에 뭘 하면 좋을까요?

실력도 확인할 겸 JLPT같은 일본어 시험에 도전해 보는 건 어때요?

JLPT가 뭐예요?

JLPT란 '일본어능력시험(日本語能力試験-Japanese Language
Proficiency Test)'의 약자로 일본어를 모국어로 하지 않는 사람을 대상으로
일본어 능력을 측정·인정하는 시험이에요. 일본국제교류기금과
일본국제교육지원협회에서 주최하는 시험으로 국제적인 일본어 인증시험이지요.

시험은 어렵지 않나요?

JLPT는 가장 높은 레벨인 N1부터 가장 기초 레벨인 N5까지 총 다섯 단계로
나누어져 있으니 실력에 맞는 레벨을 선택하면 될 거예요.
N1부터 N5까지 각 레벨의 만점은 180점이고 레벨별로 합격점은 차이가 있어요.

일본어 초급 수준인 저도 가능할까요?

가장 기초 레벨인 N5를 보면 돼요. N5는 히라가나와 가타카나의 문자와
일상생활에서 사용되는 기본 한자로 이루어진 간단한 문장의 이해도와
천천히 말하는 짧은 회화의 청해 능력을 측정하는 레벨이니까
실력을 테스트하기에 적당할 거예요.

시험은 언제, 어디에서 보나요?

JLPT는 1년에 2회 시험이 있는데, 1회 시험은 매년 7월 첫째 주 일요일에,
2회 시험은 매년 12월 첫째 주 일요일에 실시돼요.
시험 장소는 접수할 때 (인터넷 접수에 한하여) 직접 선택할 수 있어요.

 시험 과목이 많나요?

시험은 언어지식(문자·어휘·문법), 독해, 청해의 세 가지 영역으로 나누어져 있어요.
N5는 언어지식(문자·어휘)-20분, 언어지식(문법)/독해-40분, 청해-35분으로
총 3교시에 걸쳐 시험을 봅니다.

 합격 기준이 어떻게 되나요?

만점은 180점(언어지식/독해-120점, 청해 60점)이고
총점 80점 이상이면 합격할 수 있어요. 하지만
과목별 기준점(언어지식/독해-38점, 청해-19점)을 넘지 못하면
총점이 높아도 불합격이니 주의해야 한답니다.

문제 유형을 미리 알아 두면 시험을 준비할 때 도움이 된답니다.
がんばりましょう！

 がんばります!!!

합격 점수와 합격 기준점

구분		언어지식(문자·어휘·문법) • 독해	청해	종합 득점	합격 점수
N5	점수 범위	0~120점	0~60점	0~180점	80점
	합격 기준점	38점	19점		

◎ 한 과목이라도 기준점에 도달하지 못하면 전체 득점에 관계 없이 불합격입니다.

N5 문제 유형

시험과목		문제	문항수	문제내용
언어지식 (20분)	문자 어휘	1. 한자 읽기	7	한자 읽기 문제
		2. 표기	5	올바른 한자를 찾는 문제
		3. 문맥 규정	6	문맥에 맞는 적절한 어휘를 고르는 문제
		4. 유의 표현	3	주어진 어휘와 비슷한 의미의 어휘를 찾는 문제
언어지식 · 독해 (40분)	문법	1. 문장의 문법1 (문법형식 판단)	9	문장의 내용에 맞는 문형 표현, 즉 기능어를 찾아서 넣는 문제
		2. 문장의 문법2 (문장 만들기)	4	나열된 단어를 의미에 맞게 조합하는 문제
		3. 글의 문법	4	글의 흐름에 맞는 문법을 찾아내는 문제
	독해	4. 내용 이해(단문)	2	80자 정도의 지문을 읽고 내용을 이해하기
		5. 내용 이해(중문)	2	250자 정도의 지문을 읽고 내용을 이해하기
		6. 정보 검색	1	250자 정도의 글을 읽고 필요한 정보 찾기
청해 (35분)		1. 과제 이해	7	과제 해결에 필요한 정보를 듣고 나서 무엇을 해야 하는지 찾아내기
		2. 포인트 이해	6	대화나 혼자 말하는 내용을 듣고 포인트 파악하기
		3. 발화 표현	5	그림을 보면서 상황 설명을 듣고 화살표가 가리키는 인물의 대답 찾기
		4. 즉시 응답	6	짧은 문장을 듣고 그에 맞는 적절한 응답 찾기

→ JLPT 가채점표 ←

✓ 언어지식 / 독해

영역		문항	문제유형	배점	점수
언어 지식	문자 어휘	문제 1	한자 읽기	8문제 × 1점	8
		문제 2	표기	5문제 × 1점	5
		문제 3	문맥 규정	7문제 × 1점	7
		문제 4	유의 표현	3문제 × 1점	3
	문법	문제 1	문법형식 판단	10문제 × 1점	10
		문제 2	문장 만들기	4문제 × 1점	4
		문제 3	글의 문법	4문제 × 1점	4
독해		문제 4	내용 이해(단문)	2문제 × 7점	14
		문제 5	내용 이해(중문)	2문제 × 7점	14
		문제 6	정보 검색	1문제 × 8점	8
합계					77

❍ 득점 환산법(120점 만점) [득점] ÷ 77 × 120 =[   ]점

✓ 청해

영역	문항	문제유형	배점	점수
청해	문제 1	과제 이해	7문제 × 3점	21
	문제 2	포인트 이해	6문제 × 3점	18
	문제 3	발화 표현	5문제 × 2점	10
	문제 4	즉시 응답	6문제 × 1점	6
합계				55

❍ 득점 환산법(60점 만점) [득점] ÷ 55 × 60 =[   ]점

· 위의 배점표는 시사일본어사에서 작성한 것으로, 실제 시험과는 약간의 오차가 생길 수 있습니다.
· N5 모의고사의 정답 및 해석은 54p에 있습니다.

N5

げんごちしき（もじ・ごい）
（20ぷん）

ちゅうい
Notes

1. しけんが　はじまるまで、この　もんだいようしを　あけないで　ください。
   Do not open this question booklet until the test begins.

2. この　もんだいようしを　もって　かえる　ことは　できません。
   Do not take this question booklet with you after the test.

3. じゅけんばんごうと　なまえを　したの　らんに、じゅけんひょうと
   おなじように　かいて　ください。
   Write your examinee registration number and name clearly in each box below as written on your test voucher.

4. もんだいには　かいとうばんごうの　 1 、 2 、 3 … が　あります。
   かいとうは、かいとうようしに　ある　おなじ　ばんごうの　ところに
   マークして　ください。
   One of the row numbers 1 , 2 , 3 … is given for each question. Mark your answer in the same row of the answer sheet.

じゅけんばんごう　Examinee Registration Number	

なまえ　Name	

もんだい1 ＿＿＿の ことばは ひらがなで どう かきますか。1・2・3・4から いちばん いい ものを ひとつ えらんで ください。

（れい） 小さい かわが あります。

1 ちいさい　　　2 ちさい　　　3 しょうさい　　　4 こさい

（かいとうようし）　| （れい） | ● ② ③ ④ |

---

1 月が きれいですね。

1 げつ　　　　　2 がつ　　　　3 とき　　　　4 つき

2 しゅくだいを 出して ください。

1 だして　　　　2 たして　　　3 でして　　　4 かして

3 にちようびに 海へ いきました。

1 いけ　　　　　2 かわ　　　　3 やま　　　　4 うみ

4 あには まいにち 会社へ いきます。

1 かいぎ　　　　2 かいしゃ　　3 しゃかい　　4 いしゃ

5 こどもが 二人 います。

1 ににん　　　　2 にひき　　　3 ふたつ　　　4 ふたり

6 きのう　ははと　電話で　はなしました。

　　1　てんしゃ　　　　2　てんしゃ　　　3　でんわ　　　4　てんき

7 びょういんで　長い　じかん　まちました。

　　1　とおい　　　　　2　ながい　　　　3　おおい　　　4　おおきい

8 えきの　東に　こうえんが　あります。

　　1　みぎ　　　　　　2　ひだり　　　　3　ひがし　　　4　にし

もんだい2 ＿＿＿の ことばは どう かきますか。1・2・3・4から
　　　　　　いちばん いい ものを ひとつ えらんで ください。

（れい） わたしは はなが すきです。

　　　1 化　　　2 花　　　3 草　　　4 鼻

　　　（かいとうようし）　| （れい） | ① ● ③ ④ |

---

9 きのう あたらしい ぱそこんを かいました。

　1 パンコン　　　2 パスコン　　3 パソコン　　4 パソコソ

10 この まんがは もう よみました。

　1 記みました　　2 説みました　　3 訪みました　　4 読みました

11 がっこうは ごご さんじはんまでです。

　1 牛後　　　2 午後　　　3 牛俊　　　4 午役

12 なつやすみに くにへ かえります。

　1 国　　　2 国　　　3 困　　　4 囲

13 いま なんと いいましたか。もう いちど いって ください。

　1 行って　　　2 言って　　　3 話って　　　4 説って

もんだい3 （　　　）に　なにが　はいりますか。1・2・3・4から　いちばん
　　　　　いい　ものを　ひとつ　えらんで　ください。

（れい）　ごはんの　あとで　くすりを（　　　）ください。

　　　　1　たべて　　　　2　のんで　　　　3　よんで　　　　4　とって

　　　　（かいとうようし）　｜（れい）｜ ① ● ③ ④ ｜

14 　へやの　なかでは（　　　）を　ぬぎましょう。

　　　1　シャツ　　　　　　2　ズボン　　　　3　スカート　　4　コート

15 　エアコンを　つけますから、まどを（　　　）ください。

　　　1　あけて　　　　　　2　しめて　　　　3　おして　　　　4　ひいて

16 　もう　しゅくだいを（　　　）か。

　　　1　かきました　　　　　　　　　　2　ありました

　　　3　しました　　　　　　　　　　　4　つくりました

17 　じかんが　ありませんから、（　　　）を　よびましょう。

　　　1　じてんしゃ　　　2　ちかてつ　　　3　バス　　　　　4　タクシー

18 　この　にもつは（　　　）です。いっしょに　もって　ください。

　　　1　おもい　　　　　2　かるい　　　　3　ひろい　　　　4　くろい

12

19 テストを　しますから、ほんや　ノートや　スマホは　かばんに（　　　）
　　ください。

　　1　いれて　　　　　　　2　かえして　　　3　しめて　　　　4　はいって

20 きょうは　しがつ　よっかです。あしたは　しがつ（　　　）です。

　　1　みっか　　　　　　　2　いつか　　　　3　なのか　　　　4　ここのか

もんだい4 ＿＿＿の ぶんと だいたい おなじ いみの ぶんが あります。
　　　　1・2・3・4から いちばん いい ものを ひとつ えらんで
　　　　ください。

___

(れい) きょうは にちようびです。あしたは げつようびです。

　　　1 きのうは かようびでした。

　　　2 きのうは もくようびでした。

　　　3 きのうは きんようびでした。

　　　4 きのうは どようびでした。

　　　(かいとうようし)　| (れい) | ① ② ③ ● |

___

21 テレビの おとを あげて ください。

　1 テレビの おとを おおきく して ください。

　2 テレビの おとを ちいさく して ください。

　3 テレビの おとを けして ください。

　4 テレビの おとを だして ください。

22 この ひとは ちちの いもうとです。

　1 この ひとは おとうさんです。

　2 この ひとは おねえさんです。

　3 この ひとは おばさんです。

　4 この ひとは おばあさんです。

23　この　かさは　わたしのと　ちがいます。

1　この　かさは　わたしのです。

2　この　かさは　わたしのでは　ありません。

3　この　かさは　わたしのと　おなじです。

4　この　かさは　わたしのと　おもいます。

N5

げんごちしき　ぶんぽう　　どっかい
言語知識（文法）・読解

（40ぷん）

ちゅう　い
注　意
Notes

しけん　はじ　　　　　　　　もんだいようし
1. 試験が始まるまで、この問題用紙をあけないでください。

Do not open this question booklet until the test begins.

もんだいようし　　も
2. この問題用紙を持ってかえることはできません。

Do not take this question booklet with you after the test.

じゅけんばんごう　　　　　　　　　らん　　じゅけんひょう
3. 受験番号となまえをしたの欄に、受験票とおなじようにかいてください。

Write your examinee registration number and name clearly in each box below as written on your test voucher.

もんだい　　　かいとうばんごう
4. 問題には解答番号の　1　、　2　、　3　… があります。
かいとう　　　かいとうようし　　　　　　　ばんごう
解答は、解答用紙にあるおなじ番号のところにマークしてください。

One of the row numbers　1　,　2　,　3　… is given for each question. Mark your answer in the same row of the answer sheet.

じゅけんばんごう　Examinee Registration Number	
なまえ　Name	

もんだい1 （　　　）に 何を 入れますか。1・2・3・4から いちばん いい ものを 一つ えらんで ください。

（れい） これ（　　　）ほんです。

　　　1 に　　　　　2 を　　　　　3 は　　　　　4 や

（かいとうようし）　| （れい） | ① ② ● ④ |

---

1 私は 昼休み（　　　）よく カレーを 食べます。

　　　1 に　　　　　2 で　　　　　3 か　　　　　4 を

2 私は 絵（　　　）じょうずでは ありません。

　　　1 を　　　　　2 と　　　　　3 が　　　　　4 で

3 日曜日に デパートで 買い物（　　　）しました。

　　　1 を　　　　　2 の　　　　　3 で　　　　　4 に

4 日本へ 来てから、東京（　　　）北海道などへ 行きました。

　　　1 や　　　　　2 が　　　　　3 を　　　　　4 で

5 今週は 土曜日（　　　）日曜日（　　　）仕事が あります。

　　　1 は／は　　　　　　　　　　2 に／に

　　　3 も／も　　　　　　　　　　4 を／を

6 　山下 「上田さん、（　　　　）ネクタイ、きれいな　色ですね。」

　　　上田 「ありがとう　ございます。姉に　もらいました。」

　　　1　そこ　　　　　　　2　どこ　　　　　　　3　その　　　　　　　4　どの

7 　森 　「これ、家族の　写真です。」

　　　本田 「むすめさんですか。かわいいですね。（　　　　）ですか。」

　　　森 　「先月　四つに　なりました。」

　　　1　いくつ　　　　　　2　いかが　　　　　　3　どなた　　　　　　4　どちら

8 　中川 「見て　ください。いけの　中に　小さい　さかなが（　　　　）
　　　　　　いますよ。」

　　　林 　「ああ、あれは　メダカですよ。かわいいですね。」

　　　1　おおぜい　　　　　2　たくさん　　　　　3　たいへん　　　　　4　もっと

9 　リン 　「この　まんが、読みましたか。」

　　　ジャオ「ええ。でも、あまり（　　　　）です。」

　　　1　おもしろい　　　　　　　　　　2　あまい

　　　3　あまかった　　　　　　　　　　4　おもしろく　なかった

10 　(電話で)

　　　リー 「もしもし、キムさん、今　時間　ありますか。」

　　　キム 「すみません。今　しゅくだいを（　　　　）から、後で　かけます。」

　　　1　します　　　　　　　　　　　　2　しません

　　　3　して　います　　　　　　　　　4　しました

もんだい2　＿★＿に　入る(はい)　ものは　どれですか。1・2・3・4から
いちばん　いい　ものを　一つ(ひと)　えらんで　ください。

（もんだいれい）
　　A「＿＿＿　＿＿＿　＿★＿　＿＿＿か。」
　　B「山田(やまだ)さんのです。」
　　　1　です　　　2　は　　　3　この　けしゴム　　　4　だれの

（こたえかた）

1. ただしい　文(ぶん)を　つくります。

> A「＿＿＿　＿＿＿　＿★＿　＿＿＿か。」
> 　3　この　けしゴム　2　は　　4　だれの　　1　です
> B「山田(やまだ)さんのです。」

2. ＿★＿に　入る(はい)　ばんごうを　くろく　ぬります。

　　（かいとうようし）　｜（れい）｜　① ② ③ ●　｜

11　A「木村(きむら)さんの　＿＿＿　＿＿＿　＿★＿　＿＿＿人(ひと)は　だれですか。」
　　B「あの　人(ひと)は　田中(たなか)さんです。」
　　　1　いる　　　　　　2　に　　　　　　3　すわって　　　4　となり

12　私(わたし)は　日本(にほん)へ　＿＿＿　＿＿＿　＿★＿　＿＿＿来(き)ました。
　　　1　勉強(べんきょう)を　　　　　2　音楽(おんがく)　　　　　3　しに　　　　4　の

13 電話を ＿＿＿＿ ＿＿＿＿ ＿★＿ ＿＿＿＿ しないで ください。

1 運転　　　　　　2 車　　　　　3 を　　　　　4 しながら

14 電車に 乗る ときは、＿＿＿＿ ＿＿＿＿ ＿★＿ ＿＿＿＿ から、乗りま
しょう。

1 が　　　　　　　2 おりて　　　3 おりる　　　4 人

もんだい3 15 から 18 に 何を 入れますか。ぶんしょうの いみを
かんがえて、1・2・3・4から いちばん いい ものを 一つ
えらんで ください。

ドンさんと サリさんは、「私の ペット」の さくぶんを 書いて、クラスの
みんなの 前で 読みました。

(1)ドンさんの さくぶん

私の うちには 犬が 2ひき います。リリと ココです。5年ぐらい
前に うちへ 来て、今は もう 私たちの 家族に なりました。リリは
とても 元気で、毎朝 早く 起きて、なきます。 15 ココは 静かで、
あまり なきません。朝は 父と さんぽに 行きます。そして、母に
朝ごはんを もらいます。私も よく いっしょに 遊びました。今は
日本に いますから、ペットが いません。私は リリと ココに 16 。

(2)サリさんの さくぶん

私は ねこが 大好きです。だから、今も ねこと いっしょに 住んで
います。先月、買い物に 行った デパートの ペットショップに かわ
いい ねこが いました。その ねこを 見て、とても 17 。
ねこは 体の 色 18 茶色ですから、なまえは チャチャです。小さ
かったですが、だんだん 大きく なって、今は 3キロぐらいに なり
ました。まるくて、かわいいです。

15

1 だから 　　　　2 でも 　　　　3 いつも 　　　　4 もっと

16

1 会いませんか 　　　　　　　　2 会って　ください
3 会わないで　ください 　　　　4 会いたいです

17

1 ほしいです 　　　　　　　　　2 ほしく　ないです
3 ほしく　なりました 　　　　　4 ほしい　なりました

18

1 は 　　　　　　2 が 　　　　　3 だけ 　　　　4 しか

もんだい4　つぎの　(1)から(3)の　ぶんしょうを　読んで、しつもんに
　　　　こたえて　ください。こたえは、1・2・3・4から　いちばん
　　　　いい　ものを　一つ　えらんで　ください。

(1)（日本語学校で）学生が　この　紙を　見ました。

学生の　みなさんへ

3月17日から　4月6日まで　春休みです。

先週　わたした　アンケートは　3月15日までに　出して　ください。

春休みの　しゅくだいは　3月16日に　わたしますから、4月7日に
出して　ください。

3月10日　さくら日本語学校

19　学生は　アンケートと　春休みの　しゅくだいを　いつ　出しますか。

　1　アンケートと　春休みの　しゅくだいは　4月7日に　出します。

　2　アンケートは　3月15日に　出して、春休みの　しゅくだいは
　　　4月7日に　出します。

　3　アンケートは　3月10日に　出して、春休みの　しゅくだいは
　　　3月15日に　出します。

　4　アンケートと　春休みの　しゅくだいは　3月15日に　出します。

（2）（会社で）

アナムさんの 机の 上に、この メモと 「おしらせ」の 紙が 1枚 あり
ます。

アナムさん

　午前中に、「おしらせ」の 紙を 100枚 コピーして ください。
そして、コピーした ものを、4階の 田中さんに 持って 行って くだ
さい。持って 行く 前に、田中さんに 電話を して ください。

　よろしく おねがいします。

山下
2月19日　8：45

20　この メモを 読んで、アナムさんは 「おしらせ」の 紙を コピーして
から 何を しますか。

1　山下さんに コピーした ものを 持って 行きます。

2　山下さんに 電話を します。

3　田中さんに 電話を します。

4　田中さんに コピーした ものを 持って 行きます。

もんだい5　つぎの　ぶんしょうを　読んで、しつもんに　こたえて　ください。こたえは、1・2・3・4から　いちばん　いい　ものを　一つ　えらんで　ください。

これは　ユーさんが　書いた　さくぶんです。

今週は　とても　忙しかったです。

テストが　あって、毎日　図書館で　友だちと　勉強しました。土曜日は　午後　やくそくが　ありました。ほんとうは　つかれて　ねたかったです。でも　やくそくですから　①友だちと　会いました。二人で　ご飯を　食べた　あと、えいがも　見ました。

日曜日は　雨でした。雨の　音が　気持ち　よかったです。今週は　つかれたから　昼まで　ねました。午後には　友だちと　家で　えを　かきました。わたしは　えが　すきですから　とても　いい　時間でした。

へやが　きたなくて　そうじを　したかったですが　②今週は　しませんでした。来週は　忙しく　ないから　だいじょうぶでしょう。

21 ユーさんは　土曜日に　①友だちと　会いました。それから、何を　しましたか。

1 図書館で　勉強しました。

2 友だちと　やくそくしました。

3 つかれて　寝ました。

4 ご飯を　食べて　えいがを　見ました。

22 そうじは　どうして　②今週は　しませんでしたか。

1 日曜日に　雨が　ふったからです。

2 午後、やくそくが　あったからです。

3 テレビが　見たかったからです。

4 今週は　とても　忙しかったからです。

もんだい6　右の　ページを　見て、下の　しつもんに　こたえて　ください。
　　　　　こたえは、1・2・3・4から　いちばん　いい　ものを　一つ
　　　　　えらんで　ください。

23　あしたは　3月26日で、リーさんの　たんじょうびです。グエンさんは
　　きょう　りんごの　ケーキを　作って、あした　持って　行きます。
　　きょう　りんごと　バターと　たまごを　買いたいです。お金は　全部で
　　800円までです。グエンさんは　どの　スーパーで　何を　買いますか。

　1　みなみスーパーで　りんごと　バターと　たまごを　買います。

　2　さくらスーパーで　りんごと　バターと　たまごを　買います。

　3　さくらスーパーで　りんごを　買って、みなみスーパーで　バターと
　　たまごを　買います。

　4　さくらスーパーで　りんごと　バターを　買って、みなみスーパーで
　　たまごを　買います。

さくらスーパー（3月25日〜26日）

3月25日　おすすめの　もの		
りんご	2こ	300円
バター	1こ	500円
コーヒー	1本	200円

3月26日　おすすめの　もの		
バナナ	5本	250円
たまご	10こ	300円
ジュース	1本	200円

みなみスーパー（3月25日〜26日）

3月25日　おすすめの　もの		
バナナ	5本	300円
バター	1こ	400円
たまご	10こ	100円
お茶	1本	100円

3月26日　おすすめの　もの		
りんご	2こ	200円
クッキー	1こ	200円
たまご	10こ	100円
コーヒー	1本	100円

N5

聴解
（35分）

N5 청해 음성

注 意
Notes

1. 試験が始まるまで、この問題用紙を開けないでください。

   Do not open this question booklet until the test begins.

2. この問題用紙を持って帰ることはできません。

   Do not take this question booklet with you after the test.

3. 受験番号と名前を下の欄に、受験票と同じように書いてください。

   Write your examinee registration number and name clearly in each box below as written on your test voucher.

4. この問題用紙にメモをとってもいいです。

   You may make notes in this question booklet.

受験番号 Examinee Registration Number	

名前 Name	

もんだい１

　もんだい１では、はじめに　しつもんを　きいて　ください。それから
はなしを　きいて、もんだいようしの　１から４の　なかから、いちばん
いい　ものを　ひとつ　えらんで　ください。

れい

1　駅

2　カフェ

3　デパート

4　本屋

1ばん

1	2

3	4

2ばん

1　27枚

2　30枚

3　54枚

4　60枚

3ばん

1 2つ

2 5つ

3 6つ

4 7つ

4ばん

1 テーブル3、いす10

2 テーブル4、いす11

3 テーブル3、いす11

4 テーブル4、いす10

5ばん

1

2

3

4

6ばん

1

Aクラス
なまえ

タイトル

2

タイトル

Aクラス
なまえ

3

4

7ばん

1 ア

2 イ

3 ウ

4 エ

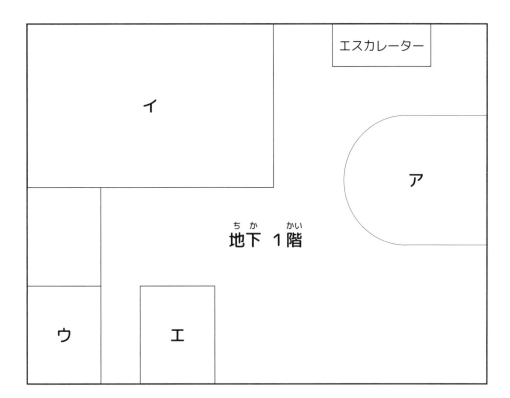

もんだい2

　もんだい2では、はじめに　しつもんを　きいて　ください。それから
はなしを　きいて、もんだいようしの　1から4の　なかから、いちばん
いい　ものを　ひとつ　えらんで　ください。

れい

1　今週の　土曜日の　午後
2　今週の　日曜日の　午後
3　来週の　土曜日の　午後
4　来週の　日曜日の　午後

1ばん

1　火曜日
2　木曜日
3　土曜日
4　日曜日

2ばん

1　6時
2　6時　半
3　8時
4　8時　半

3ばん

1 友だちの 家

2 レストラン

3 カフェ

4 会社

4ばん

1 ジュース

2 こう茶

3 コーヒー

4 ミルク

5ばん

1 旅行<ruby>りょこう</ruby>しました
2 スキーに 行<ruby>い</ruby>きました
3 ずっと いえに いました
4 おいしい さかなを 食<ruby>た</ruby>べました

6ばん

1 3人<ruby>にん</ruby>
2 4人<ruby>にん</ruby>
3 5人<ruby>にん</ruby>
4 6人<ruby>にん</ruby>

もんだい3

　もんだい3では、えを　みながら　しつもんを　きいて　ください。

➡（やじるし）の　ひとは　なんと　いいますか。1から3の　なかから、
いちばん　いい　ものを　ひとつ　えらんで　ください。

れい

1ばん

2ばん

3ばん

4ばん

5ばん

もんだい４

　もんだい４は、えなどが　ありません。ぶんを　きいて、１から３の
なかから、いちばん　いい　ものを　ひとつ　えらんで　ください。

― メモ ―

にほんごのうりょくしけん
もぎテスト かいとうようし

N5
げんごちしき(もじ・ごい)

じゅけんばんごう
Examinee Registration Number

2　A 1 0 1 0 0 1 ― 5 0 0 0 1

あなたの なまえを ローマじで かいて ください。

なまえ
Name

もんだい 1

1	①	②	③	④
2	①	②	③	④
3	①	②	③	④
4	①	②	③	④
5	①	②	③	④
6	①	②	③	④
7	①	②	③	④
8	①	②	③	④

もんだい 2

9	①	②	③	④
10	①	②	③	④
11	①	②	③	④
12	①	②	③	④
13	①	②	③	④

もんだい 3

14	①	②	③	④
15	①	②	③	④
16	①	②	③	④
17	①	②	③	④
18	①	②	③	④
19	①	②	③	④
20	①	②	③	④

もんだい 4

21	①	②	③	④
22	①	②	③	④
23	①	②	③	④

せいねんがっぴ(Date of Birth)

ねん Year		つき Month		ひ Day

にほんごのうりょくしけん かいとうようし

もぎテスト かいとうようし

N5

げんごちしき(ぶんぽう)・どっかい

じゅけんばんごうを かいて、その したの マークらんに
マークして ください。
Fill in your examinee registration number in this box, and
then mark the circle for each digit of the number.

じゅけんばんごう
Examinee Registration Number

2		A	1	0	1	0	0	0	1	–	5	0	0	0	1
⓪	⓪		⓪	⓪	⓪	●	●	●	⓪		⓪	●	●	●	⓪
①	①	Ⓐ	●	①	●	①	①	①	●		①	①	①	①	●
●	②	Ⓑ	②	②	②	②	②	②	②		②	②	②	②	②
③	③		③	③	③	③	③	③	③		③	③	③	③	③
④	④		④	④	④	④	④	④	④		④	④	④	④	④
⑤	⑤		⑤	⑤	⑤	⑤	⑤	⑤	⑤		●	⑤	⑤	⑤	⑤
⑥	⑥		⑥	⑥	⑥	⑥	⑥	⑥	⑥		⑥	⑥	⑥	⑥	⑥
⑦	⑦		⑦	⑦	⑦	⑦	⑦	⑦	⑦		⑦	⑦	⑦	⑦	⑦
⑧	⑧		⑧	⑧	⑧	⑧	⑧	⑧	⑧		⑧	⑧	⑧	⑧	⑧
⑨	⑨		⑨	⑨	⑨	⑨	⑨	⑨	⑨		⑨	⑨	⑨	⑨	⑨

せいねんがっぴ(Date of Birth)

ねん Year		つき Month		ひ Day
	–		–	

(circles ⓪①②③④⑤⑥⑦⑧⑨ for each digit column)

なまえ
Name

あなたの なまえを ローマじで かいて ください。

<ちゅうい Notes>

1. くろいえんぴつ (HB、No.2) でかいてください。
Use a black medium soft (HB or No.2) pencil.
(ペンやボールペンではかかないでください。)
(Do not use any kind of pen.)

2. かきなおすときは、けしゴムできれいにけして
ください。
Erase any unintended marks completely.

3. きたなくしたり、おったりしないでください。
Do not soil or bend this sheet.

4. マークれい Marking Examples

| よいれい
Correct Example | わるいれい
Incorrect Examples |
|---|---|
| ● | ⊗ ◯ ◑ ⦸ ① ◉ |

もんだい 1

1	① ② ③ ④
2	① ② ③ ④
3	① ② ③ ④
4	① ② ③ ④
5	① ② ③ ④
6	① ② ③ ④
7	① ② ③ ④
8	① ② ③ ④
9	① ② ③ ④

もんだい 2

10	① ② ③ ④
11	① ② ③ ④
12	① ② ③ ④
13	① ② ③ ④
14	① ② ③ ④

もんだい 3

15	① ② ③ ④
16	① ② ③ ④
17	① ② ③ ④
18	① ② ③ ④

もんだい 4

| 19 | ① ② ③ ④ |
| 20 | ① ② ③ ④ |

もんだい 5

| 21 | ① ② ③ ④ |
| 22 | ① ② ③ ④ |

もんだい 6

| 23 | ① ② ③ ④ |

にほんごのうりょくしけん
もぎテスト かいとうようし

N5
ちょうかい

あなたの なまえを ローマじで かいて ください。

なまえ
Name

<ちゅうい Notes>

1. くろいえんぴつ (HB、No.2) で かいて ください。
   Use a black medium soft (HB or No.2) pencil.
   (ペンや ボールペンでは かかないで ください。)
   (Do not use any kind of pen.)

2. かきなおす ときは、けしゴムで きれいに けして ください。
   Erase any unintended marks completely.

3. きたなく したり、おったり しないで ください。
   Do not soil or bend this sheet.

4. マークれい Marking Examples

よいれい Correct Example	わるいれい Incorrect Examples
●	⊗ ⊘ ◯ ◑ ⊙

じゅけんばんごうを かいて、その したの マークらんに マークして ください。
Fill in your examinee registration number in this box, and then mark the circle for each digit of the number.

じゅけんばんごう
Examinee Registration Number

2 A 1 0 1 0 0 0 1 - 5 0 0 0 1

せいねんがっぴを かいて、その したの マークらんに マークして ください。
Fill in your date of birth in this box, and then mark the circle for each digit of the number.

せいねんがっぴ (Date of Birth)

ねん Year		つき Month		ひ Day	

もんだい 1

れい	①	②	③	●
1	①	②	③	④
2	①	②	③	④
3	①	②	③	④
4	①	②	③	④
5	①	②	③	④
6	①	②	③	④
7	①	②	③	④

もんだい 2

れい	①	②	③	●
1	①	②	③	④
2	①	②	③	④
3	①	②	③	④
4	①	②	③	④
5	①	②	③	④
6	①	②	③	④

もんだい 3

れい	●	②	③
1	①	②	③
2	①	②	③
3	①	②	③
4	①	②	③
5	①	②	③

もんだい 4

れい	●	②	③
1	①	②	③
2	①	②	③
3	①	②	③
4	①	②	③
5	①	②	③
6	①	②	③

JLPT N5 모의고사

-정답 및 해석-

JLPT N5 정답표

● 언어지식(문자·어휘)

	번호	정답
問題 1	1	4
	2	1
	3	4
	4	2
	5	4
	6	3
	7	2
	8	3
問題 2	9	3
	10	4
	11	2
	12	1
	13	2
問題 3	14	4
	15	2
	16	3
	17	4
	18	1
	19	1
	20	2
問題 4	21	1
	22	3
	23	2

● 언어지식(문법)·독해

	번호	정답
問題 1	1	1
	2	3
	3	1
	4	1
	5	3
	6	3
	7	1
	8	2
	9	4
問題 2	10	3
	11	3
	12	1
	13	3
	14	1
	15	2
問題 3	16	4
	17	3
	18	2
問題 4	19	2
	20	3
問題 5	21	4
	22	4
問題 6	23	3

● 청해

	번호	정답
問題 1	예	4
	1	3
	2	3
	3	4
	4	3
	5	3
	6	4
	7	4
問題 2	예	4
	1	4
	2	4
	3	4
	4	3
	5	3
	6	4
問題 3	예	2
	1	1
	2	2
	3	2
	4	2
	5	3
問題 4	예	1
	1	2
	2	3
	3	2
	4	1
	5	2
	6	3

해설 강의 동영상 보기

JLPT N5
정답 및 해석

● 문자어휘(문자·어휘)

문제 1 _____ 의 단어는 히라가나로 어떻게 씁니까? 1·2·3·4에서 가장 적당한 것을 하나 고르세요.

예 작은 강이 있습니다.

1 달이 예쁘군요.

2 숙제를 내(제출해) 주세요.

3 일요일에 바다에 갔습니다.

4 형은(오빠는) 매일 회사에 갑니다.

5 아이가 두 명 있습니다.

6 어제 어머니와 전화로 이야기했습니다.

7 병원에서 긴 시간 기다렸습니다.

8 역의 동쪽에 공원이 있습니다.

필수 단어

月 달 | きれいだ 예쁘다 | 宿題 숙제 | 出す 내다, 제출하다 | 海 바다 | 行く 가다 | 毎日 매일 | 会社 회사 | 子ども 어린아이 | 電話 전화 | 話す 이야기하다 | 病院 병원 | 長い 길다 | 時間 시간 | 待つ 기다리다 | 駅 역 | 東 동, 동쪽 | 公園 공원

문제 2 _____ 의 단어는 어떻게 씁니까? 1·2·3·4에서 가장 적당한 것을 하나 고르세요.

예 나는 꽃을 좋아합니다.

9 어제 새로운 컴퓨터를 샀습니다.

10 이 만화는 이미 읽었습니다.

11 학교는 오후 세 시 반까지입니다.

12 여름 방학에 본국으로 돌아갑니다.

13 지금 뭐라고 하셨어요? 다시 한번 말해 주세요.

필수 단어

花 꽃 | 好きだ 좋아하다 | 新しい 새롭다 | パソコン 컴퓨터(퍼스널 컴퓨터의 약자) | まんが 만화(책) | 読む 읽다 | 夏休み 여름 방학 | 国 나라, 본국, 고향 | 帰る 돌아가다, 돌아오다 | 今 지금 | もう一度 다시 한번

문제 3 ( )에 무엇이 들어갑니까? 1·2·3·4에서 가장 적당한 것을 하나 고르세요.

예 밥 먹은 후에 약을 (드세요).

14 방 안에서는 (코트)를 벗읍시다.

15 에어컨을 틀 거니까 창문을 (닫아) 주세요.

16 벌써 숙제를 (했나)요?

17 시간이 없으니까 (택시)를 부릅시다.

18 이 짐은 (무겁)습니다. 함께 들어 주십시오.

19 시험을 볼 테니까 책이나 공책, 스마트폰은 가방에 (넣어) 주세요.

20 오늘은 4월 4일입니다. 내일은 4월 (5일)입니다.

필수 단어

ごはん 밥 | くすり 약 | 飲む 마시다, (약을) 먹다 | へや 방 | 中 안, 안쪽 | コート 코트 | ぬぐ 벗다 | つける 틀다, 켜다 | 窓 창문 | しめる 닫다 | タクシー 택시 | 呼ぶ 부르다 | 荷物 짐 | おもい 무겁다 | 一緒に 같이, 함께 | 持つ 들다, 잡다 | テスト 테스트, 시험 | ノート 노트, 공책 | スマホ 스마트폰 | かばん 가방 | いれる 넣다

문제4 _____ 의 문장과 대체로 같은 의미의 문장이 있습니다. 1·2·3·4에서 가장 적당한 것을 하나 고르세요.

예 오늘은 일요일입니다. 내일은 월요일입니다.
→ 어제는 토요일이었습니다.

21 텔레비전의 소리를 키워 주세요.

→ 텔레비전의 소리를 크게 해 주세요.

22 이 사람은 아버지의 여동생입니다.

→ 이 사람은 고모입니다.

23 이 우산은 내 것과 다릅니다.

→ 이 우산은 내 것이 아닙니다.

필수 단어

テレビ 텔레비전 | 音 소리 | 上げる 높이다, 올리다 | 大きい 크다 | 人 사람 | おばさん 아주머니, 이모, 고모 | おばあさん 할머니 | かさ 우산 | 違う 다르다, 틀리다 | 同じ 같은 | 思う 생각하다

● 문법

문제 1 ( )에 무엇을 넣습니까? 1・2・3・4에서 가장 적당한 것을 하나 고르세요.

예 이것(은) 책입니다.

1 나는 점심 시간(에) 자주 카레를 먹습니다.

2 나는 그림(이) 능숙하지 않습니다(그림을 잘 그리지 못합니다).

3 일요일에 백화점에서 쇼핑(을) 했습니다.

4 일본에 온 후로 도쿄(나) 홋카이도 등에 갔습니다.

5 이번 주는 토요일(도) 일요일(도) 일이 있습니다.

6 야마시타 우에다 씨, (그) 넥타이 예쁜 색이네요.

우에다 고맙습니다. 누나에게 받았어요.

7 모리 이거, 가족 사진입니다.

혼다 따님인가요? 귀엽네요. (몇 살)이에요?

모리 지난달에 네 살이 되었어요.

8 나카가와 보세요. 연못 속에 작은 물고기가 (많이) 있어요.

하야시 아, 저건 송사리예요. 귀엽네요.

9 린 이 만화책 봤어요?

쟈오 네. 하지만 별로 (재미있지 않았)어요.

10 전화로 리 여보세요, 김 씨, 지금 시간 있어요?

김 죄송해요. 지금 숙제를 (하고 있으)니까 나중에 걸겠습니다.

필수 단어

昼休み 점심 시간 | カレー 카레 | 絵 그림 | 上手だ 잘하다, 능숙하다 | 買い物 쇼핑 | 東京 도쿄 | 北海道 홋카이도 | 今週 이번 주 | 仕事 일, 업무 | ネクタイ 넥타이 | 色 색 | もらう 받다 | 家族 가족 | 写真 사진 | むすめ 딸 | むすめさん 따님 | かわいい 귀엽다 | 先月 지난달 | いけ 연못 | さかな 물고기, 생선 | あまり 별로 | おもしろい 재미있다 | かける (전화를) 걸다

문제 2 ★ 에 들어갈 말은 무엇입니까? 1・2・3・4에서 가장 적당한 것을 하나 고르세요.

예 A 이 지우개는 누구의 것입니까?

B 야마다 씨의 것입니다.

11 (4→2→3→1) A 기무라 씨의 옆에 앉아 있는 사람은 누구입니까?

B 저 사람은 다나카 씨입니다.

12 (2→4→1→3) 나는 일본에 음악 공부를 하러 왔습니다.

13 (4→2→3→1) 전화를 하면서 차를 운전하지 마세요.

14 (3→4→1→2) 전철을 탈 때는 내리는 사람이 내리고 나서 탑시다.

필수 단어

すわる 앉다 | となり 옆, 이웃 | 勉強 공부 | 音楽 음악 | 運転 운전 | 車 자동차 | 乗る 타다 | おりる 내리다

문제 3 15 부터 18 에 무엇을 넣습니까? 글의 의미를 생각해서 1・2・3・4에서 가장 적당한 것을 하나 고르세요.

돈 씨와 사리 씨는 '나의 반려동물'의 작문을 써서 같은 반 모두의 앞에서 읽었습니다.

(1) 돈 씨의 작문

우리 집에는 개가 두 마리 있습니다. 리리와 코코입니다. 5년 정도 전에 우리 집에 와서, 지금은 이미 우리들의 가족이 되었습니다. 리리는 매우 활발해서, 매일 아침 일찍 일어나 짖습니다. 15 하지만 코코는 조용해서 별로 짖지 않습니다. 아침은 아빠와 산책을 갑니다. 그리고 엄마에게 아침밥을 받습니다. 나도 자주 함께 놀았습니다. 지금은 일본에 있어서 반려동물이 없습니다. 나는 리리와 코코를 16 만나고 싶습니다.

(2) 사리 씨의 작문

나는 고양이를 굉장히 좋아합니다. 그래서 지금도 고양이와 함께 살고 있습니다. 지난달, 쇼핑하러 간 백화점의 펫숍에 귀여운 고양이가 있었습니다. 그 고양이를 보고 매우 17 가지고 싶어졌습니다.
고양이는 몸 색깔 18 이 갈색이어서 이름은 차차입니다. 작았었는데 점점 커져서, 지금은 3킬로 정도가 되었습니다. 동그래서 귀엽습니다.

필수 단어

ペット 펫, 반려동물 | **さくぶん** 작문 | **書く** 쓰다 | **クラス** 클래스, 반 | **前** 전, 앞 | **うち** 집, 우리 집 | **犬** 개 | **~ひき** ~마리 | **~ぐらい** ~정도 | **なる** 되다 | **元気だ** 건강하다, 활발하다 | **毎朝** 매일 아침 | **早く** 일찍 | **起きる** 일어나다 | **なく** 울다, (동물이) 짖다 | **静かだ** 조용하다 | **あまり** 별로 | **さんぽ** 산책 | **朝ごはん** 아침밥 | **もらう** 받다 | **遊ぶ** 놀다 | **会う** 만나다 | **ねこ** 고양이 | **住む** 살다 | **ペットショップ** 펫숍 | **かわいい** 귀엽다 | **ほしい** 필요하다, 가지고 싶다 | **体** 몸 | **色** 색깔 | **茶色** 갈색 | **なまえ** 이름 | **だんだん** 점점, 점차 | **大きい** 크다 | **キロ** 킬로그램(kg) | **まるい** 둥글다

문제 4 다음 (1)에서 (3)의 글을 읽고 질문에 답하세요. 답은 1·2·3·4에서 가장 적당한 것을 하나 고르세요.

(1) (일본어 학교에서) 학생이 이 종이를 봤습니다.

학생 여러분께

3월 17일부터 4월 6일까지 봄 방학입니다.
지난주에 건네준 앙케트는 3월 15일까지 제출해 주세요. 봄 방학 숙제는 3월 16일에 건네줄 테니 4월 7일에 제출해 주세요.

3월 10일 사쿠라 일본어 학교

19 학생은 앙케트와 봄 방학 숙제를 언제 제출합니까?

1 앙케트와 봄 방학 숙제는 4월 7일에 제출합니다.

2 앙케트는 3월 15일에 제출하고, 봄 방학 숙제는 4월 7일에 제출합니다.

3 앙케트는 3월 10일에 제출하고, 봄 방학 숙제는 3월 15일에 제출합니다.

4 앙케트와 봄 방학 숙제는 3월 15일에 제출합니다.

필수 단어

紙 종이 | **みなさん** 여러분 | **春休み** 봄 방학 | **わたす** 건네주다, 전달하다 | **アンケート** 앙케트, 설문 조사 | **~までに** ~까지 | **出す** 내다, 제출하다

(2) 회사에서 아나무 씨의 책상 위에 이 메모와 '알림' 종이가 한 장 있습니다.

아나무 씨

오전 중에 '알림' 종이를 100장 복사해 주세요. 그리고 복사한 것을 4층의 다나카 씨에게 가지고 가 주세요. 가지고 가기 전에 다나카 씨에게 전화해 주세요.

잘 부탁합니다.

야마시타
2월 19일 8:45

20 이 메모를 읽고 아나무 씨는 '알림' 종이를 복사한 다음 무엇을 합니까?

1 야마시타 씨에게 복사한 것을 가지고 갑니다.

2 야마시타 씨에게 전화를 합니다.

3 다나카 씨에게 전화를 합니다.

4 다나카 씨에게 복사한 것을 가지고 갑니다.

つくえ 책상 | 上 위 | メモ 메모 | おしらせ 알림, 공지 |
~枚 ~장 | 午前中 오전 중 | コピー 복사 | ~階 ~층 |
持って 行く 가지고 가다

문제 5 다음 글을 읽고 질문에 답하세요. 답은 1·2·3·4에서 가장 적당한 것을 하나 고르세요.

이것은 유 씨가 쓴 작문입니다.

> 이번 주는 굉장히 바빴습니다.
> 시험이 있어서 매일 도서관에서 친구와 공부했습니다. 토요일은 오후에 약속이 있었습니다. 사실은 피곤해서 자고 싶었습니다. 하지만 약속이니까 ①친구와 만났습니다. 둘이서 밥을 먹은 후, 영화도 봤습니다.
> 일요일은 비였습니다. 빗소리가 기분 좋았습니다. 이번 주는 피곤했기 때문에 낮까지 잤습니다. 오후에는 친구와 집에서 그림을 그렸습니다. 나는 그림을 좋아하기 때문에 굉장히 좋은 시간이었습니다.
> 방이 더러워서 청소를 하고 싶었지만 ②이번 주는 하지 않았습니다. 다음 주는 바쁘지 않으니까 괜찮을 겁니다.

21 유 씨는 토요일에 ①친구와 만났습니다. 그리고 나서 무엇을 했습니까?

　1 도서관에서 공부했습니다.
　2 친구와 약속했습니다.
　3 피곤해서 잤습니다.
　4 밥을 먹고 영화를 봤습니다.

22 청소는 어째서 ②이번 주는 하지 않았습니까?

　1 일요일에 비가 왔기 때문입니다.
　2 오후, 약속이 있었기 때문입니다.
　3 텔레비전이 보고싶었기 때문입니다.
　4 이번 주는 매우 바빴기 때문입니다.

忙しい 바쁘다 | テスト 테스트, 시험 | 図書館 도서관 |
午後 오후 | やくそく 약속 | 本当は 사실은, 정말은 |
つかれる 피곤하다, 지치다 | ねる 자다 | えいが 영화 |
雨 비 | 音 소리 | 気持ち 기분 | 昼 낮 | きたない 더럽다 |
そうじ 청소 | 来週 다음 주 | だいじょうぶだ 괜찮다

문제 6 오른쪽 페이지를 보고 다음 질문에 답하세요. 답은 1·2·3·4에서 가장 적당한 것을 하나 고르세요.

23 내일은 3월 26일로 리 씨의 생일입니다. 구엔 씨는 오늘 사과 케이크를 만들어서 내일 가지고 갑니다. 오늘 사과와 버터와 달걀을 사고 싶습니다. 돈은 다해서 800엔까지입니다. 구엔 씨는 어느 슈퍼마켓에서 무엇을 삽니까?

　1 미나미 슈퍼에서 사과와 버터와 달걀을 삽니다.
　2 사쿠라 슈퍼에서 사과와 버터와 달걀을 삽니다.
　3 사쿠라 슈퍼에서 사과를 사고, 미나미 슈퍼에서 버터와 달걀을 삽니다.
　4 사쿠라 슈퍼에서 사과와 버터를 사고, 미나미 슈퍼에서 달걀을 삽니다.

たんじょうび 생일 | りんご 사과 | ケーキ 케이크 | 作る 만들다 | バター 버터 | たまご 달걀, 알 | 買う 사다 | お金 돈 | 全部で 전부 합해서 | 円 엔(화폐 단위) | おすすめ 추천 | ~こ ~개 | ~本(ほん・ぼん・ぽん) ~병, 자루(병이나 긴 것을 세는 단위) | コーヒー 커피 | お茶 차, 녹차 | クッキー 쿠키

사쿠라 슈퍼마켓(3월 25일~26일)

3월 25일 추천 물품			3월 26일 추천 물품		
사과	2개	300엔	바나나	5개	250엔
버터	1개	500엔	달걀	10개	300엔
커피	1병	200엔	주스	1병	200엔

미나미 슈퍼마켓(3월 25일~26일)

3월 25일 추천 물품			3월 26일 추천 물품		
바나나	5개	300엔	사과	2개	200엔
버터	1개	400엔	쿠키	1개	200엔
달걀	10개	100엔	달걀	10개	100엔
차	1병	100엔	커피	1병	100엔

문제 1 문제 1에서는 우선 질문을 들으세요. 그리고 이야기를 듣고 문제지의 1에서 4 중에서 가장 적당한 것을 하나 고르세요. 그럼 연습해 봅시다.

예

男の 人と 女の 人が 電話で 話して います。男の 人は 今から どこへ 行きますか。	남자와 여자가 전화로 이야기하고 있습니다. 남자는 지금부터 어디에 갑니까?
女 もしもし。山田さん、今 どこですか。 男 今、駅の 前に います。駅の 前の カフェ です。田中さんは どこですか。 女 私は デパートの ７階の 本屋ですよ。 男 じゃあ、私が そこに 行きますね。もう 少し 待って いて ください。	여 여보세요. 야마다 씨, 지금 어디예요? 남 지금 역 앞에 있어요. 역 앞의 카페입니다. 다나카 씨는 어디예요? 여 저는 백화점 7층의 서점이에요. 남 그럼 제가 거기로 갈게요. 조금만 더 기다려 주세요.
男の 人は 今から どこへ 行きますか。 1 駅 2 カフェ 3 デパート 4 本屋	남자는 지금부터 어디에 갑니까? 1 역 2 카페 3 백화점 4 서점

필수 단어 カフェ 카페 | デパート 백화점 | ~階 ~층 | 本屋 서점 | もう少し 조금 더

가장 적당한 것은 4번입니다. 답안지의 문제 1의 예 부분을 보세요. 가장 적당한 것은 4번이므로 답은 이렇게 적습니다. 그럼 시작하겠습니다.

1번

男の 人と 女の 人が スーパーで 買い物を して います。女の 人は 何を 買いますか。	남자와 여자가 슈퍼마켓에서 쇼핑을 하고 있습니다. 여자는 무엇을 삽니까?
女 この スーパー 安いですね。 男 安いでしょう。この りんご、1つ 50円 ですよ。 女 じゃあ、私、りんごを 2つ 買います。 男 私も この りんごと ぎゅうにゅうを 買い ます。	여 이 슈퍼마켓 저렴하네요. 남 싸지요? 이 사과, 한 개에 50엔이에요. 여 그럼 전 사과를 두 개 살래요. 남 저도 이 사과와 우유를 살래요.

女 私は みかんも 3つ 買います。 田中さん も 買いますか。 男 いいえ、みかんは うちに ありますから。	여 저는 귤도 세 개 살게요. 다나카 씨도 살래요? 남 아니요, 귤은 집에 있어서요.
女の 人は 何を 買いますか。	여자는 무엇을 삽니까?

1	2	3	4

 安い 싸다, 저렴하다 | **買う** 사다 | **ぎゅうにゅう** 우유 | **みかん** 귤

2번

先生と 男の 学生が 話して います。男の 学生は プリントを 何枚 コピーしますか。	선생님과 남학생이 이야기하고 있습니다. 남학생은 프린 트를 몇 장 복사합니까?
女 この プリントの コピーを 学生たちに 　　わたして ください。 男 わかりました。何枚 コピーしますか。 女 田中さんの クラスは 30人ですね。ひとり 　　2枚ずつです。 男 でも、今日は 3人 休みです。 女 休みの 人には、明日 コピーして わたし 　　ます。 男 じゃあ、27人分 コピーしますね。	여 이 프린트 사본을 학생들에게 건네주세요. 남 알겠습니다. 몇 장 복사할까요? 여 다나카 씨의 반은 30명이지요. 한 명당 두 장씩이 　　에요. 남 하지만 오늘은 세 명 쉽니다. 여 쉬는 사람에게는 내일 복사해서 건네줄게요. 남 그럼 27명분 복사하겠습니다.
男の 学生は プリントを 何枚 コピーしますか。 1　27枚 2　30枚 3　54枚 4　60枚	남학생은 프린트를 몇 장 복사합니까? 1　27장 2　30장 3　54장 4　60장

필수 단어 **プリント** 프린트 | **クラス** 클래스, 반 | **休み** 쉼, 휴일, 쉬는 날

3번

<ruby>男<rt>おとこ</rt></ruby>の <ruby>人<rt>ひと</rt></ruby>と <ruby>女<rt>おんな</rt></ruby>の <ruby>人<rt>ひと</rt></ruby>が <ruby>話<rt>はな</rt></ruby>して います。ふたり は ケーキを いくつ <ruby>買<rt>か</rt></ruby>いますか。	남자와 여자가 이야기하고 있습니다. 두 사람은 케이크를 몇 개 삽니까?
女 ケーキ、いくつ <ruby>買<rt>か</rt></ruby>いますか。 男 <ruby>今日<rt>きょう</rt></ruby>は 5<ruby>人<rt>ごにん</rt></ruby> <ruby>友<rt>とも</rt></ruby>だちが うちに <ruby>来<rt>き</rt></ruby>ますよ。 女 じゃあ、<ruby>私<rt>わたし</rt></ruby>たちのが 2つと、<ruby>友<rt>とも</rt></ruby>だちのが 5つですね。 男 では、7つですね。 女 でも <ruby>山田<rt>やまだ</rt></ruby>さんは あまい ものが きらい ですから、<ruby>食<rt>た</rt></ruby>べませんよ。 男 そうですか。でも ぼくが <ruby>山田<rt>やまだ</rt></ruby>さんのも <ruby>食<rt>た</rt></ruby>べますよ。	여 케이크, 몇 개 살까요? 남 오늘은 다섯 명 친구가 집에 와요. 여 그럼 우리들 것이 두 개와, 친구들 것이 다섯 개네요. 남 그럼 일곱 개군요. 여 하지만 야마다 씨는 달콤한 것을 싫어하니까 안 먹어요. 남 그런가요? 하지만 제가 야마다 씨 것도 먹을게요.
ふたりは ケーキを いくつ <ruby>買<rt>か</rt></ruby>いますか。 1 2<ruby>つ<rt>ふた</rt></ruby> 2 5<ruby>つ<rt>いつ</rt></ruby> 3 6<ruby>つ<rt>むっ</rt></ruby> 4 7<ruby>つ<rt>なな</rt></ruby>	두 사람은 케이크를 몇 개 삽니까? 1 2개 2 5개 3 6개 4 7개

 필수 단어   いくつ 몇 개 | あまい 달다, 달콤하다 | きらいだ 싫다, 싫어하다

4번

<ruby>男<rt>おとこ</rt></ruby>の <ruby>人<rt>ひと</rt></ruby>と <ruby>女<rt>おんな</rt></ruby>の <ruby>人<rt>ひと</rt></ruby>が かいぎ<ruby>室<rt>しつ</rt></ruby>に います。テーブルと いすは いくつ いりますか。	남자와 여자가 회의실에 있습니다. 테이블과 의자는 몇 개 필요합니까?
女 <ruby>今日<rt>きょう</rt></ruby>、テーブルと いすは いくつ いりますか。 男 そうですね。<ruby>今日<rt>きょう</rt></ruby>は 10<ruby>人<rt>じゅうにん</rt></ruby>ですから…。 女 ひとつの テーブルには 4<ruby>人<rt>よにん</rt></ruby> <ruby>座<rt>すわ</rt></ruby>る こと が できます。 男 あ、<ruby>今日<rt>きょう</rt></ruby>は <ruby>社長<rt>しゃちょう</rt></ruby>も <ruby>来<rt>き</rt></ruby>ますから 11<ruby>人<rt>じゅういちにん</rt></ruby>です。 女 そうですか。いすが もう ひとつ いりま すね。 男 じゃあ、<ruby>私<rt>わたし</rt></ruby>が テーブルを もって きます ね。	여 오늘 테이블과 의자는 몇 개 필요한가요? 남 글쎄요. 오늘은 10명이니까…. 여 하나의 테이블에는 네 명 앉을 수 있습니다. 남 아, 오늘은 사장님도 오시니까 열 한 명이에요. 여 그렇습니까? 의자가 하나 더 필요하겠네요. 남 그럼 제가 테이블을 가지고 오겠습니다.

テーブルと　いすは　いくつ　いりますか。	테이블과 의자는 몇 개 필요합니까?
1　テーブル3、いす10	1　테이블 3, 의자 10
2　テーブル4、いす11	2　테이블 4, 의자 11
3　テーブル3、いす11	3　테이블 3, 의자 11
4　テーブル4、いす10	4　테이블 4, 의자 10

 필수 단어　かいぎ室 회의실 ｜ テーブル 테이블 ｜ いす 의자 ｜ いる 필요하다 ｜ 座る 앉다 ｜ 社長 사장님

5번

男の　人と　女の　人が　ハンバーガー屋に　います。男の　人は　何を　買って　きますか。	남자와 여자가 햄버거 가게에 있습니다. 남자는 무엇을 사 옵니까?
男　何を　食べますか。ぼくが　買って　きますよ。 女　私は　ジュースと　ハンバーガーに　します。木村さんは？ 男　ぼくは　コーヒーと　ハンバーガーと　ポテトに　します。 女　あ、ポテトも　いいですね。私も　食べたいです。 男　ポテト　ふたつは　多いです。ぼくが　買いますから、ふたりで　食べましょう。	남　뭘 먹을 거예요? 제가 사 올게요. 여　저는 주스와 햄버거로 할게요. 기무라 씨는요? 남　저는 커피와 햄버거와 포테이토로 할래요. 여　아, 포테이토도 좋네요. 저도 먹고 싶어요. 남　포테이토 두 개는 많아요. 제가 살 테니까 둘이서 먹어요.
男の　人は　何を　買って　きますか。	남자는 무엇을 사 옵니까?

 필수 단어　ハンバーガー屋 햄버거 가게 ｜ ポテト 포테이토, 감자 튀김 ｜ 多い 많다

6번

先生が　話して　います。学生は　レポートの　1枚目に　何を　書きますか。	선생님이 이야기하고 있습니다. 학생은 리포트의 첫 번째 장에 무엇을 씁니까?

男　今日の　宿題は　レポートです。レポートは　全部で　3枚です。まず、1枚目に　クラスと　なまえと　タイトルを　書きます。クラスと　なまえは　紙の　右下に　書いて　ください。タイトルは　紙の　真ん中に　大きく　書いて　ください。そして　2枚目と　3枚目に　レポートを　書きます。わからない　ことが　ある　人は　授業の　あと　聞いて　ください。	남　오늘의 숙제는 리포트입니다. 리포트는 전부 세 장입니다. 우선 첫 번째 장에 반과 이름과 제목을 적습니다. 반과 이름은 종이의 오른쪽 밑에 적어 주세요. 제목은 종이의 한가운데에 크게 적어 주세요. 그리고 두 번째 장과 세 번째 장에 리포트를 씁니다. 모르는 것이 있는 사람은 수업 후에 물어 보세요.
学生は　レポートの　1枚目に　何を　書きますか。	학생은 리포트의 첫 번째 장에 무엇을 씁니까?

필수 단어　**～目**　~째｜**全部で**　전부｜**タイトル**　타이틀, 제목｜**右下**　오른쪽 밑｜**真ん中**　한가운데｜**大きく**　크게

7번

デパートの　人と　男の　人が　話して　います。お酒売り場は　どこに　ありますか。	백화점 사람과 남자가 이야기하고 있습니다. 술 매장은 어디에 있습니까?
女　お酒売り場ですね。まず、エスカレーターで　地下1階に　降りて　ください。降りて、右に　行くと、大きい　ケーキ売り場が　あります。その　隣に　小さい　パン屋や　花屋が　あります。その　花屋の　前が　お酒売り場です。エスカレーターの　前に　案内所が　ありますから、わからない　ときは、またそこで　聞いて　ください。	여　술 매장 말이군요. 우선 에스컬레이터로 지하 1층에 내려 주세요. 내려서 오른쪽으로 가면 큰 케이크 매장이 있습니다. 그 옆에 작은 빵 가게와 꽃 가게가 있습니다. 그 꽃 가게 앞이 술 매장입니다. 에스컬레이터 앞에 안내소가 있으니 모르실 때는 다시 거기에서 물어 보세요.
お酒売り場は　どこに　ありますか。 1　ア 2　イ 3　ウ 4　エ	술 매장은 어디에 있습니까? 1　아 2　이 3　우 4　에

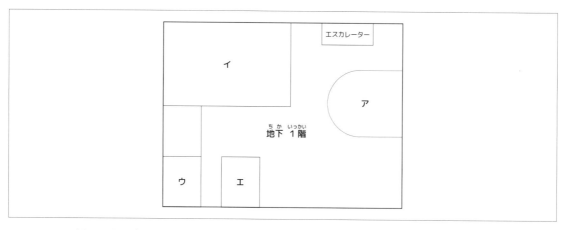

필수 단어　**お酒** 술｜**売り場** 매장｜**エスカレーター** 에스컬레이터｜**地下** 지하｜**降りる** 내리다｜**右** 오른쪽｜**パン屋** 빵 가게｜
花屋 꽃 가게｜**案内所** 안내소

문제 2 문제 2에서는 우선 질문을 들으세요. 그리고 이야기를 듣고 문제지의 1에서 4 중에서 가장 적당한 것을 하나 고르세요. 그럼 연습해 봅시다.

예

男の 人と 女の 人が 話して います。女の 人は パーティーは いつが いいと 言っていますか。	남자와 여자가 이야기하고 있습니다. 여자는 파티는 언제가 좋다고 말하고 있습니까?
男　今週の 日曜日、佐藤さんの 誕生日ですね。みんなで パーティーを しませんか。 女　いいですね。でも、今週は 佐藤さんが 忙しいそうです。 男　そうですか。じゃあ、来週は どうですか。 女　土曜日は 夕方まで 仕事をします。日曜日の 午前は 母と 約束が ありますが、午後は 大丈夫です。 男　じゃあ、佐藤さんにも 言って みますね。	남　이번 주 일요일, 사토 씨의 생일이지요. 다 함께 파티하지 않을래요? 여　좋네요. 하지만 이번 주는 사토 씨가 바쁘다고 해요. 남　그렇습니까? 그럼 다음 주는 어떤가요? 여　토요일은 저녁까지 일을 합니다. 일요일 오전에는 어머니와 약속이 있지만, 오후는 괜찮습니다. 남　그럼, 사토 씨에게도 말해 볼게요.
女の 人は パーティーは いつが いいと 言っていますか。 1　今週の 土曜日の 午後 2　今週の 日曜日の 午後 3　来週の 土曜日の 午後 4　来週の 日曜日の 午後	여자는 파티는 언제가 좋다고 말하고 있습니까? 1　이번 주 토요일 오후 2　이번 주 일요일 오후 3　다음 주 토요일 오후 4　다음 주 일요일 오후

필수 단어　**誕生日** 생일｜**パーティー** 파티｜**忙しい** 바쁘다｜**夕方** 저녁｜**仕事** 일, 업무｜**大丈夫だ** 괜찮다

가장 적당한 것은 4번입니다. 답안지의 문제 2의 예 부분을 보세요. 가장 적당한 것은 4번이므로 답은 이렇게 적습니다. 그럼 시작하겠습니다.

1번

男_{おとこ}の 人_{ひと}と 女_{おんな}の 人_{ひと}が 話_{はな}して います。ふたり は 何曜日_{なんようび}に 買_かい物_{もの}に 行_いきますか。	남자와 여자가 이야기하고 있습니다. 두 사람은 무슨 요일에 쇼핑하러 갑니까?
女　来週_{らいしゅう}、一緒_{いっしょ}に 買_かい物_{もの}に 行_いきませんか。 男　来週_{らいしゅう}ですか。いいですよ。いつに しますか。ぼく、平日_{へいじつ}は 仕事_{しごと}が あります。 女　そうですか。私_{わたし}は 火曜日_{かようび}と 土曜日_{どようび}に 約束_{やくそく}が ありますから…。 男　じゃあ、8日_{ようか}に しましょう。 女　そうですね。じゃあ、8日_{ようか}の 10時_{じゅうじ}に デパートの 前_{まえ}で いいですか。 男　はい。いいですよ。	여　다음 주, 같이 쇼핑하러 가지 않을래요? 남　다음 주요? 좋아요. 언제로 할까요? 저, 평일에는 일이 있어요. 여　그래요? 저는 화요일과 토요일에 약속이 있어서요…. 남　그럼, 8일로 하지요. 여　그래요. 그럼 8일 10시에 백화점 앞에서 괜찮나요? 남　네. 괜찮습니다.
ふたりは 何曜日_{なんようび}に 買_かい物_{もの}に 行_いきますか。 1 火曜日_{かようび} 2 木曜日_{もくようび} 3 土曜日_{どようび} 4 日曜日_{にちようび}	두 사람은 무슨 요일에 쇼핑하러 갑니까? 1 화요일 2 목요일 3 토요일 4 일요일

 必수 단어　平日_{へいじつ} 평일

2번

男_{おとこ}の 人_{ひと}と 女_{おんな}の 人_{ひと}が 会社_{かいしゃ}で 話_{はな}して います。男_{おとこ}の 人_{ひと}は 何時_{なんじ}に 帰_{かえ}りますか。	남자와 여자가 회사에서 이야기하고 있습니다. 남자는 몇 시에 돌아갑니까?
女　山田_{やまだ}さん、まだ 帰_{かえ}りませんか。 男　はい。明日_{あした}の 朝_{あさ}から かいぎが ありますから。 女　そうですか。大変_{たいへん}ですね。 男　がんばります。鈴木_{すずき}さんは まだ 帰_{かえ}りませんか。 女　もう 8時_{はちじ}ですから、帰_{かえ}りますよ。山田_{やまだ}さんは? 男　30分後_{さんじゅっぷんご}に 帰_{かえ}ります。	여　야마다 씨, 아직 안 가시나요? 남　네. 내일 아침부터 회의가 있어서요. 여　그런가요. 힘들겠네요. 남　힘낼게요. 스즈키 씨는 아직 안 가시나요? 여　벌써 8시라서 가려고요. 야마다 씨는요? 남　30분 후에 돌아갈게요.

男の 人は 何時に 帰りますか。 1　6時 2　6時 半 3　8時 4　8時 半	남자는 몇 시에 돌아갑니까? 1　6시 2　6시 반 3　8시 4　8시 반

 帰る 돌아가(오)다, 귀가하다 ｜ **かいぎ** 회의 ｜ **がんばる** 열심히 하다, 노력하다 ｜ **まだ** 아직 ｜ **もう** 벌써, 이미

3번

女の 人と 男の 人が 話して います。女の 人は 日曜日、どこへ 行きましたか。	여자와 남자가 이야기하고 있습니다. 여자는 일요일에 어디에 갔습니까?
女　日曜日は どこかに 行きましたか。 男　あ、はい。友だちと 会って 一緒に ごはんを 食べました。 女　駅の 前の レストランですか。私が 駅に 行く 時 ちょっと 見えました。 男　そうですか。一緒に カフェで コーヒーでも 飲みたかったですね。 女　会社で 仕事が あって 時間が ありませんでした。 男　日曜日も 仕事でしたか。大変でしたね。	여　일요일은 어딘가에 갔습니까? 남　아, 네. 친구와 만나서 같이 밥을 먹었어요. 여　역 앞의 레스토랑인가요? 제가 역에 갈 때 조금 보였어요. 남　그래요? 함께 카페에서 커피라도 마시고 싶었는데요. 여　회사에서 일이 있어서 시간이 없었어요. 남　일요일도 업무였나요? 힘들었겠어요.
女の 人は 日曜日、どこへ 行きましたか。 1　友だちの 家 2　レストラン 3　カフェ 4　会社	여자는 일요일에 어디에 갔습니까? 1　친구 집 2　레스토랑 3　카페 4　회사

 会う 만나다 ｜ **レストラン** 레스토랑 ｜ **ちょっと** 조금 ｜ **見える** 보이다 ｜ **一緒に** 같이, 함께 ｜ **コーヒー** 커피 ｜ **仕事** 일, 업무 ｜ **大変だ** 큰일이다, 힘들다

4번

カフェで 男の 人と 女の 人が 話して います。女の 人は 何を 飲みますか。	카페에서 남자와 여자가 이야기하고 있습니다. 여자는 무엇을 마십니까?

男　何を　飲みますか。	남　뭘 마실래요?
女　ジュース、こう茶… どれが　一番　おいしい　ですか。	여　주스, 홍차… 어느 것이 제일 맛있어요?
男　ここは　コーヒーが　おいしいですよ。ぼくは　コーヒーに　します。	남　여기는 커피가 맛있어요. 저는 커피로 할게요.
女　じゃあ、私も　そうします。	여　그럼 저도 그렇게 할게요.
男　ミルクも　いりますか。	남　우유도 필요한가요?
女　はい、お願いします。	여　네, 부탁해요.
女の　人は　何を　飲みますか。 1　ジュース 2　こう茶 3　コーヒー 4　ミルク	여자는 무엇을 마십니까? 1　주스 2　홍차 3　커피 4　우유

 필수 단어　こう茶 홍차 ｜ どれ 어느 것 ｜ 一番 가장 ｜ おいしい 맛있다 ｜ いる 필요하다

5번

男の　人と　女の　人が　話して　います。女の　人は　冬休みに　何を　しましたか。	남자와 여자가 이야기하고 있습니다. 여자는 겨울 방학에 무엇을 했습니까?
男　冬休みは　旅行しましたか。	남　겨울 방학에는 여행 갔나요?
女　いいえ、スキーに　行きたかったですが…　ずっと　いえに　いました。	여　아니요, 스키 타러 가고 싶었지만… 계속 집에 있었어요.
男　どうしたんですか。	남　무슨 일 있었나요?
女　かぜを　ひいて　ねつが　ありました。	여　감기에 걸려서 열이 있었어요.
男　そうですか。ぼくは　北海道へ　行きました。おいしい　さかなも　食べましたよ。	남　그래요? 저는 홋카이도에 갔었어요. 맛있는 생선도 먹었어요.
女　いいですね。次は　一緒に　スキーに　行きましょう。	여　좋겠어요. 다음에는 같이 스키 타러 가요.
女の　人は　冬休みに　何を　しましたか。 1　旅行しました 2　スキーに　行きました 3　ずっと　いえに　いました 4　おいしい　さかなを　食べました	여자는 겨울 방학에 무엇을 했습니까? 1　여행 갔습니다 2　스키 타러 갔습니다 3　계속 집에 있었습니다 4　맛있는 생선을 먹었습니다

6번

男の 人と 女の 人が 話して います。女の 人の 家族は 何人ですか。	남자와 여자가 이야기하고 있습니다. 여자의 가족은 몇 명입니까?
男　この 人は 誰ですか。 女　私の 姉です。 男　この 人も お姉さんですか。 女　いいえ、母です。 男　この 男の 人は お父さんですか。 女　これが 父、これが 兄です。弟も います が、弟が この 写真を とりましたから、ここには いません。 男　いい 家族ですね。	남　이 사람은 누구입니까? 여　저의 언니입니다. 남　이 사람도 언니인가요? 여　아니요, 어머니입니다. 남　이 남자는 아버지입니까? 여　이쪽이 아버지, 이쪽이 오빠입니다. 남동생도 있지만 남동생이 이 사진을 찍어서 여기에는 없습니다. 남　좋은 가족이네요.
女の 人の 家族は 何人ですか。 1　3人 2　4人 3　5人 4　6人	여자의 가족은 몇 명입니까? 1　3명 2　4명 3　5명 4　6명

写真 사진 ｜ とる (사진을) 찍다

문제 3 문제 3에서는 그림을 보면서 질문을 들으세요. ➡(화살표)의 사람은 뭐라고 말합니까? 1에서 3 중에서 가장 적당한 것을 하나 고르세요. 그럼 연습해 봅시다.

예

授業で 先生の 話が 聞こえません。何と 言いますか。	수업에서 선생님의 이야기가 들리지 않습니다. 뭐라고 말합니까?
女　1　わかりません。 　　2　もう 一度 お願いします。 　　3　すみません。	여　1　모르겠습니다. 　　2　한번 더 부탁합니다. 　　3　죄송합니다.

聞こえる 들리다 | もう 一度 한번 더

가장 적당한 것은 2번입니다. 답안지의 문제 3의 예 부분을 보세요. 가장 적당한 것은 2번이므로 답은 이렇게 적습니다. 그럼 시작하겠습니다.

1번

カフェで コーヒーが 飲みたいです。店の 人を 呼びます。何と 言いますか。	카페에서 커피가 마시고 싶습니다. 가게 사람을 부릅니다. 뭐라고 말합니까?
男 1 すみません。 　　2 ありがとう ございます。 　　3 コーヒーが 飲みたいです。	남 1 실례합니다(여기요). 　　2 고맙습니다. 　　3 커피가 마시고 싶습니다.

店 가게 | 呼ぶ 부르다

2번

友_{とも}だちと 遊_{あそ}んだ あと、うちに 帰_{かえ}ります。何_{なん}と 言_いいますか。	친구와 논 후, 집에 돌아갑니다. 뭐라고 말합니까?
男 1 お疲_{つか}れ様_{さま}でした。 　2 じゃあ、またね。 　3 お先_{さき}に。	남 1 수고하셨습니다. 　2 그럼 또 보자. 　3 먼저 갈게요.

필수 단어 遊_{あそ}ぶ 놀다 | 先_{さき}に 먼저

3번

友_{とも}だちの 誕生日_{たんじょうび}に プレゼントを あげます。何_{なん}と 言_いいますか。	친구의 생일에 선물을 줍니다. 뭐라고 말합니까?
男 1 これ、ありがとう ございます。 　2 これ、どうぞ。 　3 これ、お願_{ねが}いします。	남 1 이거, 고맙습니다. 　2 이거, 받아. 　3 이거, 부탁합니다.

필수 단어 プレゼント 선물 | どうぞ 아무쪼록, 어서, 부디

70

4번

友だちと　ご飯が　食べたいです。何と　言いますか。	친구와 밥을 먹고 싶습니다. 뭐라고 말합니까?
男　1　ご飯を　食べて　ください。 　　2　一緒に　ご飯を　食べませんか。 　　3　おいしかったですね。	남　1　밥을 먹으세요. 　　2　함께 밥 먹지 않을래요? 　　3　맛있었어요.

 ご飯 밥 ｜ おいしい 맛있다

5번

けしゴムを　わすれて　しまいました。となりの人の　けしゴムを　使いたいです。何と　言いますか。	지우개를 잊어 버렸습니다. 옆 사람의 지우개를 쓰고 싶습니다. 뭐라고 말합니까?
男　1　すみません。けしゴムを　借りて　ください。 　　2　すみません。けしゴムを　使います。 　　3　すみません。けしゴムを　貸して　ください。	남　1　미안해요. 지우개를 빌리세요. 　　2　미안해요. 지우개를 쓰겠습니다. 　　3　미안해요. 지우개를 빌려 주세요.

필수 단어　けしゴム 지우개 ｜ 使う 쓰다, 사용하다 ｜ 借りる 빌리다 ｜ 貸す 빌려주다

문제 4 문제 4는 그림 등이 없습니다. 문장을 듣고 1에서 3 중에 가장 적당한 것을 하나 고르세요. 그럼 연습해 봅시다.

예

ゆうえんちまで　どうやって　行きますか。	유원지까지 어떻게 갑니까?
男　1　電車で　行きます。 　　2　9時に　行きます。 　　3　日曜日に　行きます。	남　1　전철로 갑니다. 　　2　9시에 갑니다. 　　3　일요일에 갑니다.

가장 적당한 것은 1번입니다. 답안지의 문제 4의 예 부분을 보세요. 가장 적당한 것은 1번이므로 답은 이렇게 적습니다. 그럼 시작하겠습니다.

1번

日曜日に　時間が　ありますか。	일요일에 시간이 있습니까?
女　1　日曜日に　こうえんへ　行きます。 　　2　日曜日は　ちょっと…。 　　3　日曜日が　いいです。	여　1　일요일에 공원에 갑니다. 　　2　일요일은 좀…. 　　3　일요일이 좋습니다.

2번

スーパーで　何を　買いますか。	슈퍼마켓에서 무엇을 삽니까?
男　1　はい、買います。 　　2　自転車で　行きます。 　　3　ぎゅうにゅうを　買います。	남　1　네, 삽니다. 　　2　자전거로 갑니다. 　　3　우유를 삽니다.

3번

誕生日は　いつですか。	생일은 언제입니까?
女　1　20才です。 　　2　11 月 23 日です。 　　3　来年です。	여　1　스무 살입니다. 　　2　11월 23일입니다. 　　3　내년입니다.

4번

もう　レポートを　書きましたか。	벌써 리포트를 썼습니까?
男　1　いいえ、まだです。 　　2　レポートは　書きません。 　　3　書きたく　ないです。	남　1　아니요, 아직입니다. 　　2　리포트는 쓰지 않습니다. 　　3　쓰고 싶지 않습니다.

5번

山田さんは　兄弟が　いますか。	야마다 씨는 형제가 있습니까?
女　1　父と　母と　妹と　私です。 　　2　姉と　弟が　います。 　　3　2名です。	여　1　아버지와 어머니와 여동생과 저입니다. 　　2　누나와 남동생이 있습니다. 　　3　2명입니다.

6번

その　かばん、どこで　買いましたか。	그 가방, 어디에서 샀습니까?
男　1　きのう　買いました。 　　2　1万円でした。 　　3　デパートで　買いました。	남　1　어제 샀습니다. 　　2　만 엔이었습니다. 　　3　백화점에서 샀습니다.

필수 단어　ゆうえんち 유원지, 놀이공원 ｜ 時間 시간 ｜ 自転車 자전거 ｜ 来年 내년 ｜ 兄弟 형제